EL PODER DE LA CONFIANZA

SEBASTIÁN PALERMO

HOJAS DEL SUR

Buenos Aires

www.hojasdelsur.com

El poder de la confianza
Sebastián Palermo

1a edición

Editorial Hojas del Sur S.A.
Albarellos 3016
Buenos Aires, C1419FSU, Argentina
e-mail: info@hojasdelsur.com
www.hojasdelsur.com

ISBN 978-987-1882-79-3

Dirección editorial: Andrés Mego
Edición: Silvana Freddi
Diseño de portada: Arte Hojas del Sur
Diseño de interior: AADG / www.about.me/aadg

Palermo, Sebastián Nicolás
   El poder de la confianza - 1a ed. - Ciudad Autónoma de Buenos Aires :
Hojas del Sur, 2018.
   272 p. ; 15 x 23 cm.
   ISBN 978-987-1882-79-3
   1. Superación Personal. I. Título.
   CDD 158.1

ÍNDICE

AGRADECIMIENTOS

Sé que en la mayoría de los libros la sección Agradecimientos apenas consiste en la mención de dos o tres nombres que han significado mucho para los autores. En mi caso, me gusta honrar a quienes me son de bendición, explicar por qué les agradezco, y que mis lectores conozcan a los que me son de tanta bendición.

En esta oportunidad quiero darles las gracias a mis mentores, personas que han estado en los momentos difíciles de mi vida y que me han sabido guiar con consejos prácticos para continuar en este desafío que es vivir.

Sin lugar a dudas, como siempre, quiero agradecer primeramente a Dios, pero no a cualquier dios, estoy hablando de Cristo, el Ungido que refresca mi vida cada día y me rodea de las mejores personas para aprender de ellas.

Quiero agradecer a mis padres, motivadores por excelencia en el arte de vivir. Fans número uno de mis materiales y enseñanzas. Gracias, una vez más, por instruirme para instruir.

Quiero agradecer a mis consejeros espirituales, personas que me guiaron a desarrollarme en el espíritu: Sergio y Anelyn Bettin, Carlos y Viviana Chialva, y en estos últimos años, Fernando y Cristina Orihuela. Gracias por sus enseñanzas e inspiraciones de arriba.

Finalmente, quiero agradecer a Andrés Mego y su equipo, por haber apostado a este material. Dios nos conceda que sea de expansión en la vida de muchos.

PRÓLOGO

La confianza es uno de los recursos psíquicos más importantes que podemos desarrollar. No solo nos permite ejecutar acciones diarias, como tomar un colectivo para ir al trabajo o pedir un aumento de sueldo cuando consideramos que es injusto lo que estamos recibiendo, sino que es el contrapeso psíquico de la ansiedad. Es decir, a mayor confianza, mayor paz, y por lo tanto, menor ansiedad.

Todos necesitamos confiar: Sin confianza el nivel de estrés que sufriríamos podría agotar nuestras reservas psíquicas rápidamente y dejarnos paranoicos. Pero aunque muchas son las técnicas que pueden desarrollarse desde las neurociencias para perfeccionar nuestra confianza, lo real es que es un recurso psíquico cuya semilla se siembra en las etapas más tempranas de nuestra vida.

No es tan simple como mirarse al espejo y repetirse palabras motivadoras. No se trata solo de escuchar una serie de audios para levantarnos el ánimo. No tiene que ver con la autoestima ni la autoaceptación. Ni siquiera se trata de que la vida nos haya sonreído y tengamos todos los recursos materiales. No, la autoconfianza tiene que ver con la identidad, se trata de saber quién soy y para qué existo.

En este material, sin bien intentamos desarrollar el principio de confiar, también buscamos profundizar el más importante de los destinos de la confianza: nosotros mismos. A esto le llamamos "autoconfianza".

Personalmente entiendo a la autoconfianza como "la percepción que tenemos de nosotros mismos para ejecutar ciertos actos". Tengamos en cuenta que la autoconfianza es la capacidad de generar ese ambiente en nosotros mismos y la capacidad de desarrollar la decisión de creer lo que podemos hacer. Autoconfianza es el poder de vencer los miedos personales.

La autoconfianza

- Nos permite asumir riesgos. Quizás sea este el motivo más sobresaliente por el que es tan importante desarrollar esta capacidad. Aprender a correr riesgos le permite a la persona subsistir y ejecutar acciones que dan a la sociedad una mejor calidad de vida. Un individuo que no se arriesga pasará el resto de su vida encerrado y atado por el temor. Confiar en nosotros mismos nos permite enfrentar los miedos.
- Nos permite ser sociables. Como efecto dominó, las personas buscarán estar cerca de individuos seguros de sí mismos, porque así se convertirán en gente productiva que provocará seguridad.
- Nos permite conquistar metas secundarias. Al ser más sociables, es más fácil conseguir metas y logros, ya que habrá más posibilidades, tanto en el ámbito laboral como relacional, de amistades o de pareja.

Cuando carecemos de esta capacidad muchas veces terminamos, sin darnos cuenta, negociando con el miedo. El miedo pasa a ser quien dirige la vida de muchas personas. Por ejemplo, es quien determina que no vamos a empezar una carrera universitaria de adultos por miedo a no poder terminarla, o quien nos acorrala para que formemos parte de un emprendimiento económico solo por temor a perder más dinero del que podemos conseguir. El miedo es quien forma en nosotros una mentalidad de dependencia a otros. Ahora bien, ¿quién lucha contra el miedo en nuestras psiquis? La confianza.

Sin embargo, la confianza no se desarrolla de la noche a la mañana. Y no es tan sencillo hacerlo porque implica limpiar nuestras mentes de mentiras aprendidas acerca de la realidad para luego colocar allí nuevos sistemas de creencias.

De eso se trata esta obra. Intentaré poner en evidencia una serie de situaciones que ocurren desde que estamos en el vientre de nuestra madre hasta la etapa de la vida en que hoy nos encontramos.

Espero que este material te sea de edificación personal, y que por tu intermedio también otros se vean beneficiados.

Sebastián Palermo

INTRODUCCIÓN

Llevo algunos años enseñando a las personas a mejorar su calidad de vida en cuanto a su forma de relacionarse y de dirigir sus emociones. En este tiempo, se presentó casi siempre el deseo de todos de saberse amados, aprobados y aceptados. Me di cuenta de que casi todas las formas de interactuar, estaban en el fondo dirigidas por una de dos motivaciones: o evitar el fracaso en ser aceptados y amados o alcanzar las metas que se propusieran. Observé también que solo las personas con autoconfianza desarrollada y madura eran las que podían concentrarse en las metas sin distraerse en el camino, intentando agradar a otros. Deseo de gloria, de fama, de éxito, temor de la indiferencia, de la burla, del rechazo de otros, pueden ser dinámicas que se originan en una misma necesidad: ser aceptados, admirados y amados. Todos los seres humanos somos especiales. La vida que hay en nosotros nos hace especiales. Todos tenemos potenciales que merecen descubrirse y desarrollarse. Este libro intenta dar herramientas psíquicas para aprender a desarrollar una confianza mayor en quienes somos por lo que Dios hizo de nosotros.

¿Por qué somos inseguros? ¿Por qué nos cuesta tomar decisiones por nuestra cuenta? ¿Por qué nos duele tanto el rechazo? ¿Cómo hacer para salir de los temores a decidir? ¿Cómo actuar con más confianza? ¿Cuáles son los pasos para desarrollar un buen nivel de autoconfianza? Las respuestas a estas preguntas son algunos de los temas que se tratarán a continuación. Espero poder serte útil con este humilde aporte al desarrollo de tu autoconfianza.

Sebastián Palermo

CAPÍTULO 1

Quererse a sí mismo, no es lo mismo que confiar en sí mismo

1. No confundamos autoestima con autoconfianza

Debemos primero despejar el concepto de autoestima para poder hablar de autoconfianza. Muchas personas confunden estos términos o los usan con la misma finalidad, y esto ha generado inconvenientes para desarrollar una correcta confianza personal. Una de las peores cosas que puede pasarle a alguien que intenta resolver un problema es creer que la solución ya fue probada y no sirvió. Voy a explicarlo con un ejemplo.

Pretendía entrar en el consultorio en el que trabajo con unos colegas, pero me di con que la puerta de calle no permitía que mi llave girara, por lo cual atiné a abrir la puerta, pero la puerta estaba cerrada. Yo interpreté que la llave se había trabado, por lo que continué haciendo fuerza para abrir la cerradura. Al no tener resultados, llamé a uno de mis colegas y tuvimos la siguiente conversación:

—Hola, Pablo, ¿has intentado entrar al consultorio hoy?

—No. ¿Por qué?

—Es que trato de entrar, pero la llave se ha trabado y no gira —contesté.

—Esa puerta suele trabarse, fíjate que no esté abierta.

—Ya he probado eso, así que debe ser la llave, tendré que llamar al cerrajero.

Al momento siguiente, llamé a un amigo cerrajero, quien vino enseguida por creer que era una urgencia.

Con toda calma, mientras yo aún le explicaba la situación, él tomó el picaporte, lo giró con precisión y dio un pequeño tirón hacia su lado, logrando que el picaporte girara fácilmente. La puerta estaba abierta.

—Ya lo había probado… —le dije avergonzado.

—Pues probaste mal —me respondió mientras se reía.

De la misma forma, he visto cómo muchas personas han probado mal salir de situaciones angustiantes y de fracasos en sus vidas. Ellas creyeron que su problema era la autoestima, intentaron de manera incorrecta tal afirmación y luego desecharon esa posibilidad.

He escuchado mucho acerca de la autoestima y he visto cómo algunas personas creen que tienen que mejorar el afecto hacia sí mismas para levantar su nivel de autoconfianza.

Sin embargo, están dejando de lado la única solución, como si ya la hubieran experimentado. La autoconfianza no se mejora queriéndose más. La autoconfianza aumenta conociéndose mejor para entender quiénes somos y para creer en lo que somos.

Si no comprendemos este punto, al querer mejorar nuestro nivel de rendimiento, alguien nos dirá: "Mejora tu autoconfianza", y nosotros pensaremos: "Ya probé con eso". En realidad, solo habremos ensayado con querernos más, pero nunca aprendimos a confiar en nosotros.

> *La baja autoconfianza no es un problema en el amor propio.*

En el ámbito profesional, he escuchado a colegas que asistieron a personas creyendo que estaban desarrollando su capacidad de confianza personal, pero solo trabajaban la autoestima. Incluso, muchas personas, con la intención de querer ayudar a alguien, intentan levantar la autoestima de esa persona y consideran, de alguna manera, que así podrán animarse a enfrentar más riesgos y salir de su pasividad y sensación de frustración. Sin embargo, el amor propio no es lo que está en juego en las personas que no se animan a correr riesgos. Por el contrario, cuando alguien aumenta su autoestima, pero no desarrolla su autoconfianza, el síntoma del temor al fracaso aumenta. La dinámica psíquica se activará e intentará defender la imagen de la persona porque se quiere mucho a sí misma. Esto es lo que le pasaba a una de mis pacientes:

—¿Por qué no asistes a las fiestas de tus amigos, Mara? —le pregunté en una sesión de la terapia.

—Es que no me siento cómoda, me da la sensación de que puedan burlarse de mí.

—¿Y cuál sería el problema si se burlasen? —le consulté intentando llevar el asunto a otro nivel.

—¿Como cuál es el problema? ¿A quién le gusta que se burlen?

—Ese no es el punto, la pregunta es por qué no nos gusta.

—Porque no… nadie que se quiera un poco dejaría que se burlen de él…

—Exacto. Entonces ¿por qué dices que no te quieres?

Tu problema no es tu amor propio sino tu autoconfianza.

Te amas mucho, y como te amas, no quieres que otros te lastimen y crees que te pueden lastimar, porque no crees en tu capacidad de agradar a las personas.

Te proteges escondiéndote para que nadie te lastime pensado mal de ti… ¿Puede ser?

—No lo había visto de ese modo.

La timidez se debe a un gran amor personal y no a la baja autoestima. Muchas personas como Mara se sienten molestas cuando les señalo que su timidez se debe más a su exceso de amor propio que a su baja autoestima, y que cuando manifiestan su molestia, refuerzan mi punto, ya que esto los expone como orgullosos o vanidosos y aumenta el fantasma de no agradar a los demás. Sin embargo, una correcta autoestima es muy saludable, no hay de qué avergonzarse si nos amamos. Jesús enseñó que la medida del amor al prójimo es el amor propio. Él dijo: "Ama a tu prójimo como a ti mismo…". La idea del Creador nunca fue la negación personal, pero sí el amor funcional a nosotros mismos y al prójimo.

El problema se manifiesta cuando el amor personal supera el amor al prójimo o el amor al prójimo supera el amor personal. El primero te convierte en egoísta; el segundo, en una persona autodestructiva, lo que no es conveniente ya que tarde o temprano se verá perjudicada la sociedad si esa persona no está o le va mal.

2. ¿Qué es la autoestima?

La autoestima es la capacidad de querernos a nosotros mismos. Según el Diccionario de la Real Academia, la estima se define como la "consideración o aprecio hacia una cosa o persona". La autoestima es un recurso psíquico básico y esencial para poder sostener un sentido de supervivencia. Sin ella, los seres humanos no tendríamos la capacidad de defendernos y, por lo tanto, de sobrevivir a la hostilidad del medio.

¿Por qué es importante la autoestima? La decisión de querernos se convierte en un mecanismo de protección, y este facilita el éxito en las distintas metas que nos propongamos. Es más fácil aprender a valorarse cuando uno se quiere que cuando no lo hace. Si no me quiero a mí mismo, es más difícil que invierta tiempo en tratar de demostrarme que puedo hacer algo o que soy importante por el solo hecho de existir. El asunto es que quererse a uno mismo *no es obligatorio, pero sí conveniente.*

Es conveniente por varios motivos:

1. **Una buena autoestima me permite una mejor supervivencia**. El ser humano, según el psicoterapeuta cognitivo Albert Ellis, tiene dos metas generales en su vida: la supervivencia y la felicidad. Es obvio que sin la primera no existe la segunda. Por lo tanto, el sentido de supervivencia es general en los seres humanos. Cuando este desaparece, la vida del hombre entra en peligro, ya que comienza a generarse la ideación tanática (idea de muerte o suicida) que puede evolucionar de forma pasiva (cuando el individuo se abandona, sin hacer nada para vivir) o de forma activa (cuando interviene en forma directa sobre el cese

de la vida, es decir, por medio de actos suicidas o pseudo-suicidas). En otras palabras, las personas que no se aprecian o estiman a sí mismas corren el riesgo de desarrollar conductas suicidas. Muchas personas me explican que ese no es el problema, porque lo que quieren es morirse. En ese momento se me vienen varias ideas a la cabeza, entre otras la siguiente: el suicidio no es negocio. Todos vamos a morir en algún momento. Adelantar ese suceso por el solo hecho de no tolerar la frustración de vivir la adversidad, sea cual fuere, es como dejar de jugar a la mitad del partido una final del mundial de fútbol, porque nuestro equipo va perdiendo. Los resultados, en verdad, no se saben hasta el final. Sostener que vamos a perder e irnos, es hacer una conclusión sin evidencia y crear un pensamiento catastrófico, que es una distorsión cognitiva. Y suicidarse en vano es realmente mal negocio, ya que no se gana nada y se pierde todo, pero en particular la decisión del suicidio está basada en una distorsión cognitiva acerca del futuro y de la capacidad de frustración.

2. **Una buena autoestima nos permite tener paz**: Entendemos por paz psíquica a un estado subjetivo de armonía y tranquilidad interior que, a pesar de no ser posible su valoración objetiva, la percepción de la misma por parte de las personas hace que sea un estado anhelado por la mayoría. Las personas necesitan moverse en lugares agradables; cuando no lo hacen, tienen cierta capacidad de tolerancia, pero esa tolerancia tiene un límite. Cuando alguien no se estima o no puede apreciar a otro, existe un estado de disconformidad con dicha persona (siempre entendiendo que la conocemos). Ese conflicto genera un

estado de alerta continua que se interpreta como peligro por nuestro sistema nervioso central. Si eso lo trasladamos hacia nosotros mismos, el conflicto se generará con nosotros y al haber un estado de peligro continuo, el estrés producido por esa situación desembocará en un estado de angustia y depresión (recordemos que el estado continuo de despolarización neuronal producido por este estado de incomodidad lleva a un estado de repolarización refractaria que no permite a la neurona recibir estímulos, esto es conocido como depresión muchas veces).

3. **Una buena autoestima nos permite resolver mejor los problemas**: La autoestima negativa produce un conflicto interno que lleva a gastar parte de nuestra energía psíquica en resolverlo y otra parte en lograr el normal funcionamiento de nuestras actividades diarias. Así, si estoy cursando con situaciones estresantes como un divorcio, la pérdida de un trabajo, una enfermedad mortal, etcétera, funcionaré psíquicamente según mis capacidades de tolerar ese grado de estrés, y si una gran parte de mí está ocupada en resolver conflictos internos, el resto quizá no sea suficiente para enfrentar los acontecimientos actuales y entonces genero una situación de crisis como pueden ser la ira, la depresión, entre otras. Por el contrario, si mis capacidades psíquicas están intactas, es decir, si no tengo conflictos internos y, por lo tanto, no hay en mí un estado de alerta continuo que me desgaste psíquicamente, tendré una reserva psíquica que me permitirá tolerar con mejor capacidad las situaciones estresantes y funcionar con más optimismo ante ellas.

3. Autoestima tampoco es autoconcepto

El autoconcepto es la opinión personal que tenemos acerca de nosotros mismos. Es nuestra capacidad de poder ver en perspectiva nuestros errores y nuestros aciertos. El autoconcepto es una valoración que define nuestra capacidad de ver nuestros errores y nuestras falencias para mejorarlas.

El problema es que muchas personas tienen un excelente autoconcepto, pero una muy mala o una muy exagerada autoestima. Ponen como medida de afecto personal los errores o aciertos que hayan cometido. Por eso muchos padres, que reconocen su ausencia en sus hijos, intentan autoajusticiarse y compensar sus errores por medio de sacrificios sin sentido.

Para estimarse a uno mismo, no hace falta verse sin defectos, eso sería falso y delirante. Es más, sería casi lo opuesto, ya que se trata de conocerse tan bien que estamos dispuestos a aceptarnos con nuestras falencias y errores, sean estas a nivel de la conducta o del cuerpo.

Es similar a cuando apreciamos a terceros. Si lo hacemos de manera funcional, nos daremos cuenta de que al querer a otros, lo hacemos más allá de sus errores. Dale Carnegie, el famoso escritor sobre las relaciones humanas, en su *bestseller Cómo ganar amigos e influir sobre las personas* escribe que las personas son más atraídas hacia otros, no tanto por su capacidad de no cometer errores sino por su capacidad de reconocer los suyos propios.

Cuando Juan llegó al grupo de estudio, inmediatamente intentó caerles bien a sus nuevos compañeros. Para ello trataba de hablar correctamente y corregía la forma de hacerlo de los demás, buscando demostrar que él no estaba acostumbrado a cometer ese tipo de errores. Por otro lado, Javier también era nuevo y bastante torpe al hablar, pero él lo sabía y no intentaba disimularlo, sino que preguntaba cómo se decían ciertas palabras. El grupo reaccionó de manera natural: Juan no fue el más popular, sino que intentaban esquivarlo para evitar ser sancionados por la forma de hablar. Por su lado, Javier hizo buenos amigos de forma rápida y efectiva.

Las personas no quieren gente perfecta sino gente simple, que acepte que existen los errores y que cada uno puede tenerlos. Todos esquivan a los soberbios, altivos, perfeccionistas, a aquellos que intentan vivir sin errores. ¿Por qué será?

Si prestas atención a las personas que quieres, te encontrarás que en su gran mayoría comenten errores y si lo piensas mejor, recordarás que muchas veces les tuviste que señalar que dejaran de cometerlos, porque estos les harían un daño mayor. ¿Y cómo es que los sigues queriendo? Porque no los aprecias por sus capacidades, tanto físicas como intelectuales, sino porque simplemente decidiste hacerlo.

Ahora bien, si esto es cierto, ¿qué pasa con el que no se quiere a sí mismo? ¿Acaso es objetivo? ¿Podría decir: "Yo no me quiero porque no sirvo para nada"? ¿Podría decir: "No he logrado lo que quería por eso no me quiero"? ¿No es eso juzgarse con una pesa diferente a la que usamos para pesar al resto? Las personas pueden tener un autoconcepto que no coincida con su autoestima. Pueden pensar que son unos "fracasados", pero aun así quererse. Las personas pueden hablar mal de sí mismos, pero aun así quererse. El autoconcepto es la opinión general que podemos tener de nosotros y se desarrolla, por lo general, en relación directa a nuestra autoconfianza. Sin embargo la autoestima no necesariamente está implicada.

Quererse a uno mismo no es el producto de la vanidad, sino el producto del amor (afecto para los más técnicos), no es algo que deba ganarse, sino que se obtiene por naturaleza.

El ser humano vale por sí mismo. Esta afirmación se obtiene de los escritos más antiguos del hombre. Para los que creemos en un Dios con personalidad, esta afirmación la podemos encontrar en la misma Biblia; para los que no creen en un dios, esta afirmación la pueden asumir de un acuerdo tomado de los derechos humanos. Nadie puede ponerle precio a un ser humano, nadie puede objetivar que uno es más valioso que otro por su productividad o por su afectividad. Si esto fuera válido, entonces el vender a los esclavos, el asesinar a puro cálculo, el abandonar a las personas estaría avalado moralmente, y sabemos que no es así.

¿Por qué? Porque implícitamente el hombre se dio valor por el solo hecho de existir.

Podemos disentir de esta afirmación por carecer de fundamento técnico y ser solo una expresión social y moral que puede estar influida por la cultura. Pero no podemos disentir del campo de la psicología cuando esta expresa, en una variada gama de teorías y técnicas, que el hombre funciona mejor en tanto se acepte a sí mismo como ser social y gregario, es decir que se desarrolla mejor en la comunidad. La correcta autoestima es un recurso necesario para una apropiada funcionalidad y ejecución de metas.

4. La autoestima también es voluntaria

El origen de la baja autoestima se da por influencias del medio (ya sea nuestra familia, amigos, la escuela, la universidad, los medios masivos de comunicación, etc.), por valoraciones que aprendemos a medida que nos desarrollamos, desde que somos niños hasta la edad adulta. En este lapso de tiempo, generamos creencias demandantes acerca de nosotros mismos y malinterpretamos conceptos mientras desarrollamos creencias sin fundamentos (distorsiones cognitivas) que fortalecen nuestro sistema irracional de creencias. Si esto es cierto y entendemos al afecto como una emoción, obligadamente llegamos a la conclusión de que la misma puede generarse sobre la base de la modificación en la valoración que tengo de mí mismo.

En mi anterior libro, *Aprender a sentir*, doy una explicación detallada de cómo las emociones pueden ser desarrolladas de acuerdo a nuestro sistema de creencias. A modo de síntesis, nuestra forma de entender o significar los acontecimientos define nuestro sistema emocional. Por lo tanto, si creo que alguien ha hecho un acto de injusticia, desarrollaré un estado de enojo. Si creo que una pérdida es muy importante, desarrollaré un estado de tristeza. Si creo que el futuro es algo catastrófico, desarrollaré un estado de temor. Lo que creemos define nuestra emoción.

El afecto se desarrolla en la valoración de importancia del otro como de mí mismo. En otras palabras, "yo no me quiero" es el producto de una valoración previa que tengo de mí. Es decir, por algo que creo de mí, es que no me quiero. Si logro cambiar esa creencia, puedo cambiar mi afecto hacia mí mismo. Pues bien, entonces, concluimos que el afecto es voluntario. *NO FÁCIL PERO VOLUNTARIO.*

¿Cuáles son los síntomas de las personas que no se quieren a sí mismas?

1. **No se preocupan por su imagen personal**. Casi todos, cuando nos vestimos o nos arreglamos antes de salir de casa, lo hacemos por una cuestión de agradar a los otros. Es un asunto de agradabilidad. Básicamente, si logro la

aprobación de otros, tengo más chance de sociabilizar y generar proyectos en el medio. Sin embargo, a las personas con baja autoestima no les interesa tanto la opinión de terceros, porque, en realidad, tienen una apreciación personal de sí mismos, y esto cancela el interés por los otros. Cuando se visten, lo hacen casi porque tienen que hacerlo. Es casi una cuestión moral más que de búsqueda de aprobación. Cuando se arreglan, lo hacen por el mismo motivo.

2. **No les interesa si sus vidas corren riesgos**. Por lo general, tienen conductas suicidas. Practican deportes de riesgo o ejecutan negocios sin medir los riesgos. Muchas veces, estas personas ni se dan cuenta de que tienen una autoestima deficiente. Simplemente, ni piensan en ello y actúan en función del placer inmediato, por lo que no miden los riesgos, ya que no les interesa el futuro, solo pasarlo bien en el presente. Pueden tener conductas alimentarias perjudiciales o una vida sexual promiscua. Pueden entrar en conductas delictivas o bien ser personas sujetas a otros, porque cualquiera sea la situación no les interesa nada de ellos.

3. **Generalmente, no son tímidas**. Al contrario de lo que se piensa, no es el tímido el que tiene baja autoestima, ya que este perfil de personalidad tiene como costumbre proteger la imagen debido a una baja autoconfianza. Las personas con baja autoestima suelen quedar en ridículo con facilidad. Suelen ser los "graciosos", los que llaman la atención. Ellos no temen al ridículo, ya que no les importa que otros

no los acepten. Hacen lo que tienen ganas debido a que no miden los costos futuros.

Para una correcta autoestima, es necesaria una correcta autoaceptación.

No existe la posibilidad de apreciar algo sin aceptarlo, por lo tanto, no podemos querernos sin aceptarnos como estamos. Si toda la vida nos hicieron creer que éramos incapaces de realizar logros, no es extraño que nuestra tendencia sea boicotear los propios proyectos, consciente o automáticamente. Esto puede hacer que las personas se enojen consigo mismas y se desagraden por el hecho de que no tienen logros alcanzados, lo que fortalece la creencia de inutilidad. Nadie discutirá los hechos, pero eso no es suficiente motivo para no querernos. De hecho, para iniciar el proceso de reconciliación con nosotros mismos, conviene aceptarnos con nuestros errores, tal cual estamos.

Esto no significa que no intentaremos cambiarlo sino que estamos dispuestos a aceptarnos en la condición que estamos y que iniciaremos el proceso de cambio de forma consciente y voluntaria.

—Bueno, pero yo no he terminado ni la secundaria.

Pues termínala…

—Bueno, es que yo no he trabajado nunca.

Pues trabaja…

—Bueno, pero cada vez que lo hago me equivoco.

Presta atención e inténtalo hasta lograrlo.

—Bueno, es que las personas se van a burlar.

No tienes tiempo para detenerte a pensar lo que otros piensan de ti, estás tratando de cambiar tu opinión de ti mismo. Recordemos que por seguir lo que otros nos hicieron creer, es que estamos tan inseguros de nosotros mismos, por lo tanto, no debemos tomar tan en cuenta la opinión de personas que no son objetivas en su juicio.

La aceptación es recibir voluntariamente algo ofrecido o encargado. La característica de voluntario hace que el proceso sea plenamente racional y no emocional. Si no lo hacemos, somos los únicos responsables del acto. Para lograr estimarnos, debemos primero aceptarnos y luego considerarnos. Este "considerarnos" también implica un acto de racionalidad y voluntarismo. Por lo tanto el "afecto" también es un acto voluntario en cierta medida, y nosotros somos los responsables del mismo (recordemos que las emociones pueden ser educadas de acuerdo a la manera de pensar). Como vimos, el apreciarnos depende de nosotros mismos y no del cosmos, o de las estrellas, o de que alguien cambie el pasado. Depende de nuestra forma de valorarnos y significarnos. Pueden habernos mentido toda nuestra vida con respecto a nosotros, pero ahora que exponemos la verdad con las pruebas, podremos decidir qué es lo que vamos a creer.

5. Nuestros actos no definen nuestra identidad

Hay un proverbio bíblico que dice: "Porque el hombre es, tal cual piensa en su corazón de sí...".

La realidad de Noelia no era la misma que la de sus amigas. A pesar de sus 22 años, sus ojos verdes, su pelo castaño y una figura acorde a su edad, ella veía en el espejo a una fea y gorda muchachita que se reía de ella y le decía lo infeliz que iba a ser el resto de su vida por tener ese aspecto y porque ningún chico la iba a querer. El tiempo pasaba y Noelia no se estabilizaba en sus relaciones de noviazgo, el motivo de quiebre siempre estaba asociado a que ella sospechaba que sus compañeros la engañaban o que estaban con ella por lástima. Su obstinación por ver las cosas de esa manera la llevaban a discutir con ellos de manera repetitiva hasta que se agrietaba la relación y se separaban. Esta situación fortalecía la opinión de Noelia acerca de sí misma: "me quedaré sola toda mi vida".

La historia de Noelia, una paciente que llegó a mi consultorio, puede ser el reflejo de muchos jóvenes que aprendieron a interpretar la realidad de forma distorsionada, y no necesariamente refleja una opinión corporal, como se da en el caso de la bulimia o de la anorexia. También puede ser el reflejo de una creencia acerca de las capacidades personales, como el pensar que somos unos tontos, fracasados, adictos, etc.

He aprendido a ver que los seres humanos cuando creen de sí una característica, actúan como tal. Personalmente, no me gusta designar a mis pacientes como "adictos", porque eso implicaría que aún mantienen la costumbre de consumir, y a pesar de que en los tratamientos las recaídas son frecuentes, no significa que la *práctica* del consumo sea una realidad a menos que haya falta de honestidad.

Es decir, la calificación de las personas solo se hace cuando algo es real o una característica es común, o sea habitual. Por ejemplo: "En muchas oportunidades corté leña, lo que no significa que sea un leñador". "En muchas oportunidades jugué al fútbol, lo que no significa que sea un futbolista". "En más de una oportunidad cometí errores, lo que no significa que sea un fracasado". Lo que significan es que yo actué como un leñador, actué como un futbolista y me comporté como un fracasado, pero estos comportamientos no me hacen ser eso.

Es importante entender una de las leyes de la identidad: "No somos lo que hacemos, somos lo que somos". Cuando un paciente me dice que será adicto toda su vida y agrega: "un adicto en rehabilitación", veo una persona que está preparada para volver a consumir en cualquier momento, ya que en su interior lo avala la creencia de que él "es un adicto" y los adictos normalmente consumen drogas. Por lo tanto, la recaída es un punto posible ya que actúan como creen que son.

Por más que muchos se opongan a este concepto, me gusta definir a muchos de mis pacientes como exadictos, es decir que ya no lo son. Un exadicto no consume drogas, de hecho, para volver a consumir tienen que cambiar su propia autodefinición por la que trabajaron tanto (sacar el ex y volver a ser un adicto). Lo que sí les aclaro es que en su tendencia está la debilidad de consumir y deben fortalecer su decisión de no hacerlo más.

Volviendo al caso de Noelia, ella estaba convencida de que era fea y seguramente actuaba como tal. Alguien que cree que es feo, no se arregla y no se presenta agradable a otros. ¿Qué creen que pasaba? Lo más probable es que los chicos no le prestaban atención por su descortesía y aspecto desagradable. Esto fortalecía la creencia de Noelia de que ella "era *fea* y siempre iba a estar *sola*".

¿Cuántas veces actuamos como Noelia? ¿Cuántas veces creímos que no íbamos a lograr algo y lo dejamos por la mitad, porque no lo íbamos a lograr de todos modos? Seguramente, Noelia presionaba a sus novios de tal forma que convertía un grato momento en algo tedioso y denso, ya que dichos novios pasaban más tiempo dando explicaciones de lo que no habían hecho (estar con otras chicas) que disfrutando con ella. Y esto, obviamente, desgastaba la relación y ocurría lo que ella había calculado: *la dejaban.*

6. Seamos objetivos con las opiniones acerca de nosotros mismos

Entendiendo que una distorsión cognitiva es sacar una conclusión sin evidencia o con evidencia contraria o, en otras palabras, es "malinterpretar la realidad", podremos comprender también la siguiente historia:

Marisa había dado una genial lección de patín artístico. Cuando finalizó su presentación, sus familiares se acercaron a saludarla y a felicitarla, todos menos su mamá que se quedó retirada un rato mientras esperaba que los demás se alejaran. Cuando la mayoría se fue, se arrimó a Marisa y le dijo que si bien había estado bastante bien, sus años de patín le permitían decirle que había ciertos errores que debía corregir. Para Marisa, la opinión de su mamá fue contundente: había errores que DEBÍA corregir, había ERRORES. Marisa no pudo disfrutar de su presentación, ella estaba concentrada en aquellas cosas que su madre le había dicho, esa era la realidad, su pensamiento era: "No fue una buen actuación".

¿Estaba Marisa siendo objetiva? Esto es una abstracción selectiva, una distorsión que malinterpreta la realidad, ya que tenía más pruebas de que había patinado bien que para evaluar que no había sido así. Marisa se miraba con ojos críticos, ya que estaba acostumbrada a hacerlo de esta manera. No hacía falta mucho para que ella magnificara sus errores. Ya estaba acostumbrada a verse de esta determinada forma.

Si alguien considera que tiene baja autoestima y quiere aprender a quererse, tendrá que ser objetivo. No subjetivo, (es decir, lo que piensa) ya que está claro que lo que piensa de sí mismo está distorsionado.

7. Cómo desarrollar pensamientos adecuados acerca de mí

Lo primero que debo aceptar es que no estoy pensando de forma funcional si estoy dando mi vida por un fracaso. La vida no terminó y aún hay cosas que hacer, por lo tanto, mis emociones acerca de mí deben estar sostenidas por pensamientos correctos acerca de mí. Debo tratar de objetivar mi forma de pensar. Para ello sugiero:

1. **Comparar nuestros pensamientos con los de personas que han demostrado funcionalidad.** Puede ser un terapeuta, un amigo, un pastor, un cura, un consejero, etcétera. Escucharlos siempre trae algo de claridad. Tomar en consideración lo que ellos ven respecto al tema o punto en cuestión.

2. **Nunca compararnos con otros**. Es imposible ser objetivo si nuestro punto de comparación son otras personas. Si lo que intentamos es demostrar que, porque ellos hicieron algo, nosotros deberíamos hacerlo de la misma forma, o lograr lo mismo, se nos pasa por alto la increíble gama de variantes que hacen las diferencias entre las personas (cultura, formación, genes, oportunidades externas, etc.). No existe en esta tierra dos personas exactamente iguales que puedan asegurarnos que uno es mejor que otro. Solo

consideraremos aquello que para nosotros es más funcional. Por ejemplo: Un contador puede ser mejor que un peón de campo solo si hacemos la comparación en el marco de la sociedad. Pero si el contador estuviera en medio de una isla tratando de cultivar su propio alimento, todos afirmaríamos que el peón de campo es mejor que el contador. Lo cierto es que ninguno es mejor que el otro, solo puede ser más funcional que otro dependiendo el campo de acción.

3. **Lo que sirve de mí es lo funcional, no lo que otros quieren ver**. La belleza es algo complementario, no básico. Si categorizamos a las personas por su belleza, entonces, en algún momento, todos estaríamos descalificados, ya que la vejez quita la belleza para dar lugar a un cuerpo que se destruye a sí mismo, y esto también es parte de la vida. No me conviene vivir tratando de calmar demandas de otros. "Que ellos lleven sus muertos", es un dicho referido a que cada uno se haga cargo de sus asuntos, si la otra persona tiene un problema de gusto conmigo, pues tendrá que aprender a vivir con eso, si no es un asunto donde se viole el derecho del otro. Es decir, si lo que quieren ver en mi familia es un joven con un título de médico, porque en mi familia todos fueron médicos y está la demanda implícita de que yo *debo ser médico*, entonces voy a tener que reconocer que trato de calmar una demanda familiar, probablemente, porque tengo otra demanda interna y es que *debo agradarles, o algo similar que "debo" con respecto a ellos.* Si a ellos no les gusta o los irrita que no sea como ellos creen que yo *debía* ser (lindo, estudioso, rico, famoso, poderoso, etc.), entonces, que sean ellos los que hagan

terapia o modifiquen su pensamiento. Y si no lo hacen, que vivan con su angustia, pero no es funcional tratar de satisfacer las demandas de otros solo porque así lo quieren. El problema es de ellos. (Aclaro que esto no significa no reconocer aquellas cuestiones que podemos cambiar para vivir mejor, si lo que otros proponen es algo posible y significa un mejor rendimiento por parte nuestra entonces vale la pena valorarlo).

4. **Soy lo que soy.** Pensar acerca de nosotros con objetividad. Aceptar lo que somos. La seguridad de nuestra identidad permite un mejor funcionamiento a nivel social y personal.

> Mauricio era un joven de unos 30 años, descendiente de familia árabe, de 1,75 metros de altura, algo rellenito, pero no llegaba a la obesidad. Su rostro, con pelo crespo y prominente nariz que no podía ocultar y que era punto de referencia de sus compañeros, podían haberlo acomplejado frente a las jovencitas. Pero Mauricio estaba convencido de que su nariz era un símbolo de su descendencia y la aceptaba de manera segura. Esto le permitía el respeto de quienes lo ridiculizaban, al ver que no se hacía cargo de tales chistes y por el contrario, invertía la situación convirtiéndose rápidamente en el "gracioso turco". Esto le valía la seducción de muchas mujeres y le daba seguridad.

Muchas personas no se aceptan a sí mismas y pasan una vida peleando consigo mismos porque no les gusta su pelo, su altura, su gracia, su barba, sus granos, etc. La naturaleza es sabia: si te quita algo, algo se desarrolla con más destreza. Este es el caso de las personas no videntes, que desarrollan el oído más que otras, o de las personas hipoacúsicas, que desarrollan la visión y la observación más que otros. Si en algo te encuentras en falla, solo debes ver en lo que estás compensando esa falla, pero te conviene aceptar que ese eres tú, y no te queda más remedio que aceptarlo, ya que no hay departamento de devoluciones.

8. Otras actitudes para mejorar nuestra opinión de nosotros

Para mejorar nuestra opinión de nosotros mismos (autoconcepto), también tendremos que implicar actos como sostener lo bueno y desechar lo malo de nosotros. Un pasaje de la Biblia aconseja: "Examinadlo todo, retened lo bueno…" (Apóstol Pablo).

Cuando le tocó el turno a Marcelo, el operador terapéutico le preguntó acerca de la relación con su madre. Ellos estaban trabajando en la autoestima, y el eje de la temática era reflexionar acerca del valor que tenemos como personas, más allá de lo que logremos o de lo que hagamos.

—Ella me califica todo el tiempo, dice que soy un vago y que voy a ser un fracasado toda mi vida por mi forma de vivir.

—¿Eso cómo te afecta? —preguntó el operador terapéutico.

—Antes me angustiaba mucho, hasta que entendí que valgo por mí mismo, no por lo que haga, así que ahora no me importa lo que diga, y hago la mía.

—¿Y cuál es la tuya?

—Nada, que sé yo, trato de buscar trabajo.

—¿Tratas de buscar o buscas?

—Lo que pasa es que no hay nada… —dijo Marcelo.

—¿A qué hora te levantaste esta mañana?

—A las 10:30.

—¿Y saliste a buscar trabajo?

—No...

—¿Cómo piensas encontrar?

—¿Tú también estás con mi vieja?

—No, yo no te califico. Te pregunto acerca de tu plan para salir de tu actual situación.

—No sé...

El grupo permaneció en silencio durante un buen rato. Es cierto que no debemos dejarnos influenciar por calificaciones que nos lleven a pensamientos distorsionados acerca de nosotros, pero negar las cuestiones obvias es actuar como necios.

Si alcanzamos la instancia de comportarnos de manera disfuncional, significa que existen aspectos por cambiar para mejorar el funcionamiento de nuestras vidas. Esa es la meta a considerar: poder ser objetivos con nosotros mismos y dilucidar acerca de las cuestiones que merecen ser descartadas y las que merecen ser retenidas en nuestras vidas.

Marcelo, el joven de la historia anterior, había entendido claramente que no debía dejarse influenciar por las calificaciones de terceros, así se tratara de su propia madre. Pero él estaba polarizando la situación y comenzaba a actuar de forma disfuncional. En primer lugar, se dejaba llevar por su *escasa capacidad de esforzarse o de frustrase* y se quedaba haraganeando en lugar de salir a buscar empleo. En segundo lugar, *no tomó en cuenta su rol en su familia,* si bien la calificación de su madre estaba fuera de lugar y había generado una distorsión cognitiva haciéndole creer que iba a ser un fracasado por ser un vago, no era falso que Marcelo se comportaba como tal y que no estaba ayudando en nada. Lo funcional hubiera sido identificar el dilema y verificar si él estaba en falta o no, lo cual le hubiera denunciado su error. En tercer lugar, no estaba cumpliendo el tercer *insight* de este tipo de terapias que es saber que *todo cambio requiere esfuerzo y constancia*, por el contrario, buscaba en el operador terapéutico la complicidad de su comportamiento (el primero es entender que "lo que ocurre a mi alrededor no genera mis emociones, sino lo que yo pienso de mi entorno es lo que genera mis estado emocional". El segundo consiste en que "si lo que yo pienso de lo que ocurre es lo que genera mi estado emocional, al cambiar lo que pienso puedo cambiar lo que siento").

En otras palabras, a pesar de ser distorsiones cognitivas y formas erradas de abordarlo, la visión de la madre con respecto a la disfuncionalidad de Marcelo estaba más cerca de la realidad que la que tenía el propio Marcelo de sí mismo. Él no estaba siendo funcional.

Muchas veces, con la excusa de que nuestra vida nos pertenece a nosotros y a nadie más, no aceptamos las sugerencias de otros. Quizá, porque la forma de expresarlo haya sido demasiado atrevida o porque la persona que lo dijo no es de nuestro agrado. Lo cierto es que siempre es más funcional para nosotros examinarlo todo y retener el consejo sabio, sea de quien sea, ya que lo único que puede traer a nuestras vidas es mejoría.

Otras veces, conocemos nuestros errores, pero no estamos dispuestos a cambiarlos. Esto puede deberse a que no estamos convencidos de que el esfuerzo a realizar para provocar el cambio generará el resultado esperado, es decir, una vida más funcional. Aquí debemos examinar la motivación para el cambio y poner en una balanza si el peso del esfuerzo en generar el cambio es mayor que la calidad de vida que puede generar (cuando hablamos de cambio, nos referimos tanto a nivel de la valoración de las creencias y de la conducta. Por ejemplo, ser más cuidadoso con el aspecto personal).

9. Para opinar mejor de nosotros, también debemos descartar lo negativo

En Medicina, cuando se trata de curar o tratar una enfermedad, se dice que el 50% de la solución es identificar la patología y el 50% restante es el tratamiento. En nuestras vidas es similar. Cuando algo no está bien, cuando es necesaria la ayuda de otros, o cuando nuestras emociones nos dicen que algo no está funcionando bien, es necesario identificar el problema para luego buscar la solución. Es por eso que dividimos al proceso de cambio en dos partes: primero, identificar el problema; segundo, solucionar el problema.

Si nuestra postura ante el problema es falsa, o los minimizamos al tratar de solucionar otros asuntos, ya sea de forma errada o por baja capacidad de frustración para enfrentar el real conflicto, estos seguirán dando fruto: un fruto de conducta disfuncional. Por este motivo es que nos conviene hacer una seria reflexión acerca de aquello que podemos cambiar, sin que se conviertan en cuestiones demandantes o frustrantes. Volviendo al ejemplo de Marcelo, a él le convendría cambiar su postura frente al trabajo, esto es lo único que le permitirá formar parte de un sistema laboral, aunque no es el motivo de su vida, sí es una parte muy importante que lo intentase.

Hay una serie de aspectos donde la mayoría de las personas necesitan mejorar o perfeccionarse:

1. Una correcta valoración acerca de sí mismos: Las

personas que tienen dificultad para generar una correcta autoestima o una correcta autoaceptación, por lo general, tienen una visión distorsionada acerca de sí mismos. Este aspecto es de fundamental importancia, ya que el correcto autoconcepto y la correcta toma de decisiones son en función de ello. Por ejemplo: Si tengo un buen concepto de mí, por más que tenga errores, actuaré en función de ello. Si, por el contrario, creo que tengo muchos errores, haré todo lo posible por generar el cambio.

2. **La inflexibilidad ante los deseos o gustos es lo que hace que las personas tengan conductas disfuncionales:** Cuando una persona logra aprender a flexibilizar sus demandas, desarrolla una capacidad de adaptabilidad sin modificar su esencia. Por ejemplo: Yo no debo sufrir, yo debo hacer lo que sienta, etcétera. Las demandas son deseos que las personas tienen, a las que le cargan el peso de una ley. Por ejemplo: No es lo mismo desear terminar una carrera a cierta edad, que creer que se tiene que terminar una carrera universitaria a cierta edad. En el primer caso, si no se logra la meta, se establecerá cierto nivel de disgusto; en el segundo caso, se establecerá una percepción de fracaso y la persona hará cosas de acuerdo a lo que sienta.

3. **Considerar el trato con terceros:** Las relaciones sociales son una parte importante de la vida. Muchas veces, se actúa de manera demandante con otros, al exigir que procedan de la manera en las que nosotros lo haríamos; esto lleva a malos tratos cuando no sucede. Por ejemplo: Esto ocurre generalmente en el marco de las relaciones entre padres e hijos, esposos o esposas. También es común

dejar rienda libre a nuestra ira o emociones y dar como excusa que son los demás los que nos hacen poner de tal o cual forma, cuando ya vimos que solo nosotros generamos nuestras emociones de acuerdo con la valoración de los acontecimientos. Por ejemplo: No es lo mismo desear salir con una chica que desarrollar una demanda donde la persona interpreta que "tiene" que salir con esa chica. La diferencia de intensidad en el deseo conllevará acciones diferentes. En el caso de que la chica no quiera salir, para el que deseaba, solo será un disgusto, pero para el que creía que tenía que salir, será una catástrofe y cada uno actuará en función de lo que crea.

4. **Esfuerzo para lograr las metas:** Es común que las personas tengan sueños, pero también que dejen los sueños en las almohadas sin hacer nada por ellos. La diferencia entre un soñador y un visionario es que el soñador solo sueña, mientras que el visionario vive para lograr su visión. El esfuerzo hasta lograr la meta es una actitud a desarrollar.

5. **Aprender a capacitarse:** Muchas personas no avanzan en sus proyectos o metas de vida, simplemente, porque no quieren aprender. Se quedan con que no saben algo y ellos no son culpables de no saber. Sin embargo, es hora de que todos entendamos que aprender es una posibilidad de la mayoría de las personas. Por lo tanto, el deseo de aprender forma parte de las cosas a mejorar para lograr mejores autoestima y autoaceptación.

6. **Elección de las amistades**: Un pastor amigo me dijo una vez, cuando yo era más joven: "Si quieres ser un águila, no

inviertas la mayor parte de tu tiempo con perdices o desarrollarás sus prácticas". No es simple desarrollar creencias positivas y acertadas de nosotros mismos si estamos de continuo con personas que nos descalifican y generan ambientes de frustración en nuestras metas, como animarnos a ejecutar actos de los cuales luego nos arrepentiremos.

7. **Educar los gustos:** Los gustos al igual que nuestros pensamientos pueden ser educados. Cuando esto se logra, es una poderosa herramienta de cambio. Este es un tema que he desarrollado ampliamente en el libro *Aprender a sentir*.

10. Es importante sostener y mejorar las cosas buenas

El tener que pensar en un cambio no significa que toda nuestra personalidad es inservible. Eso sería un absolutismo o una polarización y también sería una distorsión cognitiva. Es casi seguro que existen muchas cualidades que vale la pena rescatar y potenciar. El problema es, muchas veces, cuando las dinámicas de pensamientos están tan acostumbradas a pensar lo malo.

Llegué a una casa por pedido de una madre. La hija estaba encerrada y se quería suicidar:

—¿Qué te ocurre, Natalia? Tu madre me ha dicho que has tenido pensamientos de muerte.

—¿Y para qué quiere que viva? No sirvo para nada…

—Natalia, dime cinco cosas en las que no estás contenta contigo —le dije.

—Pues no me gusta mi aspecto, no soy una buena estudiante, no hago feliz a mis padres, soy una depresiva a la cual ningún chico le presta atención y no tengo amigos. —Sorprendentemente escupió las cinco cosas casi de forma instantánea.

—Ahora dime cinco cosas en las cuáles eres buena y estás a gusto contigo —le pregunté, y el silencio se hizo largo—. Veamos qué dice tu mamá de ti —agregué mirando a la madre para que me ayude a levantar los pensamientos disfuncionales de su hija, pero, para mi sorpresa, la madre hizo más silencio que la misma joven. Ya comenzaba a comprender por qué esta muchacha no tenía una sola opinión positiva de ella: nunca se la había dicho.

Mi trabajo fue con ambas mujeres: por un lado, le expliqué a Natalia cómo los seres humanos tenemos una tendencia a pensar lo malo de nosotros y cómo esto nos va mintiendo y engañando; por otro lado, tuve que enseñarle a la madre a expresarse sobre los aspectos positivos que ella observaba de su hija.

A las personas con baja autoconfianza y baja autoestima, les cuesta pensar cosas positivas de sí mismas. Este es un entrenamiento que debe desarrollarse con frecuencia y de forma ordenada.

11. ¿Qué es la autoconfianza, entonces?

A los fines de este material, definimos a la autoconfianza como "la percepción que tenemos de nosotros mismos para ejecutar ciertos actos".

La historia de Ariel no era muy diferente a la de cualquier chico del barrio. Nació en una familia muy humilde de un barrio periférico de la ciudad donde vivía junto a sus ocho hermanos, con su mamá y su papá.

Su papá hacía pan para vender casa por casa y le quería

enseñar para que tomara su puesto en algún momento de mayor necesidad. Pero no tenía un buen genio para explicar, así que cada vez que Ariel se equivocaba, su padre pegaba unos gritos parecidos a: "¡Eres un inútil! ¡Nunca vas a aprender! ¡Vas a vivir mendigando, porque no sirves para nada! Esta escena se repetía casi a diario, y Ariel debía soportar esos gritos descontrolados de su padre, que luego de un rato cedían, y entonces continuaba como si nada hubiera pasado.

El tiempo pasó, Ariel creció, puso una panadería y le fue bastante bien, pero siempre en su interior había algo que lo inquietaba. Cada vez que él tenía un problema o alguna situación de adversidad, le daba la sensación de que no podía enfrentarla y de que era un fracasado; esto lo hundía en una depresión muy profunda que le quitaba el deseo de vivir. Esto hacía también que no tuviera muchos amigos, ya que era muy tímido, y aún no tenía novia, porque le daba miedo ser rechazado. La imagen que tenía de él mismo era la de un joven arruinado e inseguro, y lo peor era que tenía la sensación de que todos podían observarlo y opinaban de la misma manera. Lo pensaba y lo sentía a pesar de ser dueño de una muy próspera panadería y de sostener a más de cinco familias económicamente.

¿Por qué Ariel no podía *sentirse* exitoso? ¿Por qué era tan inseguro si había demostrado ser capaz de mucho? No es extraño que él haya pasado su vida creyendo que si lograba desarrollar una panadería que fuera exitosa económicamente, le podría demostrar a su padre que, en realidad, no era ningún fracasado. No obstante, a pesar de haber logrado mucho, Ariel sentía algo que no lo llenaba y que le decía que aún no era una persona exitosa.

Muchas personas viven como Ariel: la realidad les muestra algo, pero ellas insisten en lo contrario. La realidad dice:

—Muy bueno, ¡has logrado superarte y ser independiente económicamente!

Y nosotros le contestamos:

—Sí, pero soy un inútil.

La realidad dice:

—Muy bien, ¡has terminado el secundario!

Y nosotros le contestamos:

—Sí, pero me costó mucho, porque no soy inteligente.

Probablemente, estas personas han tenido la información errada, es decir, han escuchado de sus padres o educadores o amigos palabras como "inútil", "tonto", "inservible", "estúpido", "fracasado", y muchas otras. Han incorporado esa información como cierta y la han incorporado a sus vidas de tal forma que moldea sus pensamientos en los momentos de adversidad o dificultad. Irremediablemente, volvemos a hablar de la influencia de nuestra forma de pensar en nuestras emociones. Hacía tiempo que el padre de Ariel ya no le decía nada, de hecho, estaba muy orgulloso de tener un hijo con tanta capacidad en la tarea que él le había enseñado. ¿Por qué Ariel estaba tan inseguro? Porque se acostumbró a pensar de una determinada manera acerca de sí mismo y nunca trabajó en cambiar esa opinión.

La inseguridad se basa en interpretaciones erróneas de la realidad semejantes a:

- Ya me he equivocado lo suficiente, nunca voy a poder lograrlo.
- No he logrado nada en la vida.
- No estoy preparado para esto.
- Se van a burlar de mí.
- No les va a agradar lo que diga.

Es cierto que, muchas veces, las personas que aseguran tales frases actúan de manera que cualquiera que las ve cree también en estas frases. Quiero recordar aquí un pequeño cuento que quizá pueda aclarar este punto: "En cierta ocasión, un águila real dejó caer un huevo de su nido con tanta suerte que el mismo rodó montaña abajo y fue a dar a una granja donde una pava empollaba sus propios huevos. Cuando la pava vio el huevo cerca de su nido, lo interpretó como uno de los suyos y lo cuidó hasta que el pequeño naciera. El pichón de águila se crió como un pavo y mientras estaba en la granja rascando la tierra y buscando gusanos, cada tanto miraba hacia arriba y veía las águilas reales volando en las alturas y se decía: 'Cómo me gustaría ser un águila', y luego volvía a mirar el suelo y continuaba haciendo 'pavadas'".

Las personas actúan como ellas piensan acerca de sí mismas. Las personas piensan acerca de sí mismas como les enseñaron o les hicieron creer. Pero cuando la verdad se conoce —en la edad adulta—, depende de nosotros lo que seguiremos creyendo. Ya no tenemos excusa, aunque nos quede cómodo responsabilizar a terceros y decir: "Esto es lo que me enseñaron". Lo que está en discusión es si lo creemos a pesar de las pruebas contrarias que se presentan y si decidimos seguir creyendo o pensando como lo hacíamos o cambiamos, porque ya no es responsabilidad de otros sino de nosotros mismos.

12. Bases de la confianza

La confianza es un recurso psíquico necesario para ejecutar acciones con cierto nivel de paz y de estabilidad emocional. Lo contrario sería moverse con ansiedad. Es decir, un estado de alerta que responde a la desconfianza de la situación. La confianza es un acto voluntario. En ella está implicada la creencia. Nadie pone su confianza en lo que no cree. Por lo tanto, la confianza es la ejecución de lo que creemos.

Recuerdo que era pequeño y que mis amigos me habían invitado a andar en bicicleta por una zona de muchas piedras. Mi bicicleta estaba rota, por lo que un amigo se ofreció a arreglarla. Yo no sabía cómo hacerlo y sabía por otros amigos que él lo había hecho antes y que había resultado bien, así que decidí que interviniera en mi bicicleta. Cuando llegamos cerca del río, que era el lugar donde íbamos, teníamos que descender una pendiente muy marcada. Cuando llegó mi turno, me detuve en el inicio de la pendiente y recordé que mi amigo había arreglado la horquilla de la bici. Por un segundo, dudé de qué hacer, pero al momento siguiente me lancé. Fue un excelente descenso. Lo que hice fue mucho más que creer lo que mi amigo había hecho: yo confié.

Veamos algunas de las bases de la confianza:

1. **La confianza es un acto que se decide.** Implica acción y ejecución de lo que decimos creer. Como es un acto que se decide, la primera de las bases es la voluntad de confiar. No hay forma de desarrollar la confianza sin la decisión de hacerlo. Para ello lo único que se necesita es la decisión.

2. **Se necesita creer**. La creencia también es una decisión. Está íntimamente ligada a la confianza, pero es un acto de depósito de pensamientos positivos en el asunto que se quiere creer. No hay forma de desarrollar confianza si primero no se cree en algo. Por ejemplo: Julián, un amigo, me pidió prestada la computadora y prometió devolverla

a las 21 horas del jueves. Le expliqué que la necesitaba a esa hora de ese día, porque tenía que terminar un trabajo para el consultorio. Él se comprometió y acto seguido, le presté mi computadora. Los recursos que se usaron fueron varios: Primero, estaba la decisión de confiar en Julián, por eso escuché su pedido. Segundo, le creí, por lo cual también ejecuté el acto del préstamo de la computadora. Nótese que porque creí, entonces actué. Si no hubiera creído, no le hubiera prestado la máquina.

3. **El conocimiento es otra de las bases de la confianza**. En el caso antes mencionado, si no hubiera conocido a Julián, no le hubiera prestado mi computadora. El conocimiento es necesario para ejecutar confianza. Cuando queremos aprender a confiar en nosotros, debemos aprender a conocer quiénes somos y lo que podemos hacer. La ignorancia es la enemiga de la confianza. Estas son las tres bases de la confianza de las cuales hablaremos más adelante.

¿Cómo debe ser el ambiente para desarrollar confianza?

La confianza también se desarrolla en ambientes. Este es un tema que me gusta mucho explicar. No basta con saber hacer algo, es necesario ejecutarlo en el ambiente adecuado.

No porque sepa operar, lo haré en cualquier lugar, se necesita un quirófano. No porque sepa jugar al fútbol, podré hacerlo con cualquier indumentaria, se me haría muy difícil con un traje de buceo con patas de rana. Para desarrollar la confianza, se debe generar un ambiente propicio para ello. Ese ambiente debe ser:

1. **Controlable**: Todo lo que genere no *controlabilidad,* produce desconfianza. Por ejemplo: Cuando subes a un avión

y dejas que el piloto se encargue del vuelo. Si el avión comienza a balancearse, comienzas a desconfiar de forma muy sutil, debido a que la situación está fuera de tu control y no hay nada que puedas hacer, solo esperar.

2. **Transparente**: Hay contextos, situaciones, etc. que producen mayor confianza, aquellos en los que los asuntos o situaciones que se viven son claros, aquellos donde se ve que no hay cosas encubiertas o dobles mensajes. Por ejemplo: Cuando decides relacionarte con alguien, debes considerar que es una persona que no podrá ponerte en riesgo ni emocional ni físico; para eso, mides su nivel de sinceridad. Pero cuando eso no se sucede, el ambiente se presta para desconfiar.

3. **Familiar**: La novedad, las situaciones que nunca antes se han experimentado, activan niveles de alerta que facilitan la desconfianza. Es difícil confiar en aquello que no es familiar, por eso, es necesario pasar tiempo con la persona o la situación en la que queremos confiar para conocer mejor en qué o en quién confiaremos. Por ejemplo: En un vuelo, un piloto no sufrirá tensión o alerta como puede vivirlas alguien que vuele en avión por primera vez debido a que ya le es familiar cada movimiento y situación de esa situación. Tengamos en cuenta que la autoconfianza es la capacidad de generar ese ambiente en nosotros mismos y la capacidad de desarrollar, la decisión de creer lo que podemos hacer. Autoconfianza es el poder de vencer los miedos personales.

13. La importancia de confiar en nosotros

1. **La autoconfianza nos permite asumir riesgos**: Quizá, sea este el más grande de los motivos por el que desarrollar esta capacidad es tan importante. Aprender a correr riesgos le permite a la persona subsistir y ejecutar acciones que dan a la sociedad una mejor calidad de vida. Un individuo que no se arriesga pasará el resto de su vida encerrado y atado por el temor. Confiar en nosotros mismos nos permite enfrentar los miedos.

2. **La autoconfianza nos permite ser sociables**: Como efecto dominó, las personas buscarán estar cerca de personas seguras de sí mismas, porque serán personas productivas y que generarán seguridad.

3. **La autoconfianza nos permite conquistar metas secundarias**: Continuando con el efecto dominó, al ser más sociables es más fácil conseguir metas y logros, ya que habrá más posibilidades, tanto en el ámbito laboral como relacional, de amistades o de relaciones de pareja.

Para terminar este capítulo, quiero aclarar que no creo que el hombre tenga la capacidad de superarse por sí solo. Cuando me refiero a la autoconfianza, no hablo de un modelo autosuficiente por el cual el hombre no necesita de nada ni de nadie. Mi experiencia y mi análisis personal me han llevado a la conclusión de que Dios ha depositado en el hombre un gran potencial y es en el conocimiento de ese potencial que los hombres podemos lograr cosas fantásticas. Por eso, siempre sostengo que autoconfianza es la capacidad de confiar en lo que Dios ha hecho en nosotros.

Confiar en nosotros, porque Dios lo ha hecho primero. Por supuesto, que para eso sería conveniente conocer a Dios, pero ese es otro libro.

Veremos en los capítulos siguientes los recursos psíquicos para desarrollar esa capacidad de autoconfianza que nos permitirá enfrentar riesgos, ser más sociables y alcanzar metas secundarias.

CAPÍTULO 2

La importancia del amor en la autoconfianza

1. Los dos grandes motivadores: El deseo y el miedo

La autoconfianza es un recurso fundamental para realizar acciones. Saber que somos capaces de lograr aquello que se puede lograr nos permite arriesgarnos e intentar cambios y avances. Si el ser humano no se hubiera animado a realizar avances, aún estaríamos en cuevas y comiendo carne cruda. Lograr vencer los temores le ha permitido alcanzar conquistas importantes, desde cocinar un huevo en agua caliente hasta salir al espacio exterior. La autoconfianza permite enfrentar los temores y avanzar. Todo lo que las personas hacen requiere de acciones. Estas, a su vez, requieren de movimientos musculares o psíquicos. Para realizar cualquier tipo de acción muscular o psíquica (pensamientos), debo tener algo que se define como "la voluntad".

Sin la voluntad de hacer algo, eso no se realizará. La voluntad no es una fuerza, la voluntad es una decisión. Muchas personas, equivocadamente, creen que lo que determina su fracaso en dejar ciertos vicios, como el cigarrillo o las drogas, es la escasa fuerza de voluntad. Sin embargo, la voluntad no se mide por la fuerza, sino por la intensidad del deseo en relación a su oposición. Por ejemplo: Si alguien quiere dejar de fumar, debe medir el sufrimiento e inquietud interna (muchos lo llaman ansiedad) a la que se verá sometido ante la abstinencia. Si la persona mide ese esfuerzo y decide no hacerlo, no es porque no pueda, es porque no quiere sufrir el nivel de intensidad que requiere esa meta; en otras palabras, no está dispuesta a sufrir el nivel de ansiedad que le genera no satisfacer su placer. La intensidad del deseo de ser libre del cigarrillo no es tan grande como la intensidad del deseo de no sufrir la angustia que le generará la abstinencia. La persona "quiere" dejar de fumar, pero su deseo de querer dejar de fumar no es tan grande como para sufrir el esfuerzo. Es entonces, cuando las personas esperan que el deseo aparezca sin tener que afrontar el nivel de angustia que requiere ese esfuerzo (esto, por cierto, no aparecerá nunca). En realidad, no es fuerza de voluntad, es tomar la decisión de querer alcanzar esa meta aun a costa de ese nivel de esfuerzo.

La decisión de hacer (voluntad) activa la acción, a la que llamaremos "motivación", que es la capacidad de generar movimientos internos y externos (psíquicos y musculares).

El recurso psíquico de la motivación está compuesto por una gran parte de deseo y otra gran parte de voluntad, estas dos dinámicas psíquicas definen el nivel de la motivación.

Una vez motivados, estaremos listos para vivir con eficacia y perseverancia hasta lograr los objetivos, de lo contrario, nos sentiremos forzados y, tarde o temprano, abandonaremos nuestras tareas.

La falta de motivación es uno de los grandes problemas de nuestra sociedad. Si bien este es un tema que trataremos en otra oportunidad, debemos comprender el nivel de importancia que tiene este recurso psíquico. La motivación es un motor impulsor que facilita las tareas. Es lo que nos permite avanzar más allá de las adversidades. Es una fuerza interna que nos levanta más allá del cansancio físico. Poder desarrollar actividades y tareas es lo que le da significado y sentido a la vida de los seres humanos.

A su vez, sabernos capaces de poder interaccionar con el medio donde vivimos nos permite movernos con un mayor nivel de efectividad, mientras que la duda nos paraliza y entorpece los movimientos y la fluidez de los pensamientos.

Una persona segura de quién es y de lo que puede hacer, más allá de su efectividad, se convierte en una persona con ínfimas expresiones de miedo y esto no es algo menor, ya que *el miedo es el mayor enemigo*. ¿Por qué? Pues veámoslo del siguiente modo: las personas son estimuladas a realizar cualquier tipo de cosas por dos grandes motivadores o impulsores de las acciones: *el miedo* y *el deseo*.

Cuando alguien tiene un deseo, puede intentar alcanzarlo de diferentes maneras de acuerdo con la intensidad que este tenga, pero si lo que se interpone entre el deseo y la persona es el miedo, entonces, intentará apagar o cambiar su deseo para evitar aquello a lo que le teme.

Enrique era un joven de 25 años a quien le gustaba la música igual que a la mayoría de los jóvenes de su edad. Sin embargo, Enrique quiso que fuera más que solo un gusto y comenzó a capacitarse; para eso, inició clases de vocalización y guitarra en un conservatorio de la ciudad. Su deseo era ser un cantante reconocido y que sus letras y canciones se escucharan en las radios de la zona. Sin embargo, Enrique era muy tímido, le costaba exponerse frente a los otros y cada vez que tenía que hacer una presentación entraba en pánico, y su voz sonaba como un pito, no como la voz realmente entrenada que él tenía. Con el tiempo y ante tanta dificultad para la exposición, comenzó a poner excusas para no ir al conservatorio y para no hacer las presentaciones. No pasó mucho hasta que decidió no ir más. Cuando llegó al consultorio y me contó esta historia, le pregunté:

—¿Por qué abandonaste algo que querías tanto?

—En realidad, dejó de interesarme, ahora solo canto en privado o cuando estoy con amigos íntimos, lo mío no es la música.

El problema de Enrique no fue que su gusto cambió, sino que en su motivación predominó más el deseo de evitar el temor que el deseo de cantar, por lo cual hizo lo que el temor le sugería: "dejar de exponerse".

Estas situaciones surgen a diario y suelen pasar desapercibidas porque son camufladas por acciones compensatorias. Por ejemplo, alguien puede desear ser médico, pero el temor a fracasar en una carrera tan larga hace que cambie su deseo y busque algo más fácil y de menor duración. Alguien puede desear un viaje, pero el temor a invertir tanto tiempo y esfuerzo para conseguir el dinero hace que cambie su objetivo y realice un viaje más corto y más fácil de alcanzar.

Cuando el objeto de nuestros deseos (ser cantante en el caso de Enrique) está detrás de situaciones donde se corren riesgos (exponerse públicamente), la motivación para ir tras ese objeto de deseo será definido, o bien por nuestra confianza para lograrlo, o bien por nuestro miedo a fracasar. Si predomina la confianza, enfrentaremos el riesgo no haciéndole caso al temor. Si predomina el temor, la persona desarrollará conductas de prevención que pueden incluir, aun, abortar el intento de ir tras esa meta y quedarse sin satisfacer su deseo primario. Las personas son motivadas en sus vidas o por el deseo o por el temor.

Solo aquellos que vencen los temores pueden concentrarse en la conquista de sus deseos.

2. Ámbitos de seguridad

La mayoría de las personas se sienten atrapadas en un sistema de temor e inseguridad, motivo por el cual trabajan duramente para intentar evitar esas situaciones de peligro.

Hacemos cosas para tener mayor seguridad. Los ámbitos de seguridad que buscamos están relacionados con dos aspectos visibles y reconocibles y con una dinámica no tan visible o reconocible por la mayoría de las personas.

Uno de esos ámbitos es el de la *seguridad física*. Buscamos establecerlo contratando planes de las mejores obras sociales, adquiriendo los mejores sistemas antirrobo, contando con las mejores guardias de seguridad, asistiendo a los mejores centros de compras para tener seguridad alimentaria, etcétera.

Por supuesto que todo esto requiere de recursos económicos, por lo tanto, esto nos lleva a diseñar un segundo ámbito de seguridad. Para poder sostener el primer ámbito de seguridad, que está relacionado con el aspecto físico, los seres humanos trabajamos mucho para generar otro tipo de seguridad: la *seguridad económica*. Para ello, pasamos largas horas del día pensando cómo mejorar nuestro nivel de ingresos, cómo hacer más dinero para poder conseguir la seguridad antes mencionada. Así, presas de sistemas de temor, las personas cancelan sus deseos para dedicarse a sobrevivir.

Trabajamos todo el día para lograr recursos que nos den la posibilidad de sostener un nivel de seguridad que solo nos sirve para seguir trabajando, porque nuestros deseos ya fueron cancelados, porque eran muy arriesgados.

Hay otro ámbito de seguridad, otra dinámica que todos los seres humanos anhelan y que si bien puede ser independiente de los sistemas anteriores, como el físico y el económico, muchas veces está directamente involucrado por la falta de entendimiento: la *seguridad afectiva*. La seguridad afectiva es fundamental para los seres humanos porque ese es el ámbito que nos permite interrelacionarnos. Nos permite disfrutar, y es uno de los más grandes motivadores. La afectividad, o sea, el amor que recibimos de los otros es fundamental en el desarrollo psíquico de las personas. Cuando alguien corre riesgo de no ser querido o amado, todo su organismo se prepara para defenderse porque necesita adaptarse a ese nivel de adversidad.

Cuando alguna persona percibe que el afecto de los otros hacia ella está en juego o en riesgo o que aún no lo ha alcanzado, en su conducta se generan una serie de manifestaciones que pueden llegar a ser dañinas e hirientes para la persona misma y para terceros.

Ernesto era un empresario de 50 años. El ritmo de una vida atareada y de muchas responsabilidades hacía que el estado de su piel le diera un aspecto de un hombre de 60. Abrió la puerta del consultorio de un solo tirón y con paso firme se sentó sin preámbulos.

—Buenas tardes, doctor, su asistente me hizo pasar.

—Hola. Su nombre es Ernesto, según tengo en mis datos. ¿Es correcto?

—Sí, es así, vine a verlo por recomendación de mi esposa.

Ambos estamos muy preocupados por la relación con nuestro hijo Matías, pero ella dice que soy yo el que tiene mayor conflicto con él y como él no quiere venir a buscar ayuda, vengo yo a ver si puedo hacer algo.

—¿Cuál es el problema?

—Está muy rebelde, discute todo lo que le digo, no le interesa nada de la familia, pasa mucho tiempo con unos amigos que no me parecen buena influencia para él, y además, sospecho que consume drogas.

—¿Qué edad tiene su hijo?

—Tiene 17 años, abandonó la escuela y, cuando está en casa, no hace nada más que jugar a los videojuegos y escuchar música en su habitación; y cuando no está, sale con sus amigos, quién sabe adónde.

—¿Quién sabe adónde sale su hijo? —le pregunté.

—¿Cómo saberlo? ¿Quiere que lo siga? —preguntó inquieto.

—¿Probó con preguntarle?

—No tenemos buen diálogo, solo basta que yo hable, para que él me haga gestos con la cabeza y se vaya del lugar.

—¿Hace mucho que la relación está así?

—Unos dos años.

—Usted, ¿pasa tiempo con él?

—La verdad es que no, doctor, sé que ese es uno de los motivos, pero no encuentro la manera, mi trabajo me demanda mucho tiempo.

—Entonces, no hay nada para hacer, Ernesto. Su hijo seguirá su vida sin usted.

—¿Qué dice? ¡Vengo a que me ayude!

—Lo sé, pero usted me ha dicho que no puede pasar tiempo con su hijo por su trabajo, así que si no puede hacer eso, no hay mucho por hacer.

—Pero… Usted no entiende, doctor. Me pasé la vida esforzándome para que no les falte nada. Para darles una buena casa, un buen estudio, una buena obra social.

—¿Para qué hizo eso? —lo interrumpí.

—¿Cómo para qué? ¡¡¡Eso es lo que haría cualquier padre coherente!!!

—¿Qué buscaba al trabajar tanto y dejar tanto tiempo a su hijo sin su presencia?

—Buscaba su seguridad.

—¿Y quién lo protegía si usted no estaba allí? —seguí preguntando.

—Su madre estaba allí y siempre está allí.

—¿Y eso le bastó?

—Pues… parece que no… pero… ¿qué habría pasado si yo me hubiera muerto?

—Su muerte hubiera sido algo traumático para Matías, pero no hubiera sido tan traumático como ser rechazado continuamente de forma voluntaria por su propio padre.

—Pero ¿qué está diciendo? Yo solo me esforcé en darle lo mejor.

—Recuerde su infancia. ¿Qué era lo mejor para usted?

¿Un regalo de su padre o un día de campo con él?

Ernesto hizo silencio, comenzaba a comprender.

Entonces continué:

—Sabe, Ernesto, por lo general, a los consultorios terapéuticos casi nunca asisten personas reclamando "mi padre no me dio el suficiente dinero", "mi padre no me compró un auto de regalo", "mi padre no me dio una linda casa". Las personas no se quejan de eso, pero sí tenemos los consultorios llenos de personas que nos dicen "mi padre no estuvo conmigo", "mi padre trabajó tanto para mí, que se olvidó de mí".

—¿Está diciendo que todo lo que hice lo hice mal?

—preguntó confrontado.

—Estoy diciendo que procuró generarle a su familia un ambiente de seguridad, y por eso se esforzó económicamente al máximo, pero no se percató de que no estaba en ese ambiente. Ellos necesitan el mejor de los ambientes: el ambiente del amor. Un niño no conoce la relación del tiempo con el dinero, tampoco sabe que su mamadera y su obra social tienen un valor monetario.

No lo entiende, solo percibe el afecto, y el afecto solo puede manifestarse por medio de la calidad del tiempo invertido. Su hijo necesita tiempo con usted.

—Pero lo he intentado, y Matías no quiere saber nada —dijo Ernesto.

—¿Cree que las ideas que puso en él de forma involuntaria durante casi 17 años las cambiará porque un día le proponga que vayan a pescar juntos? Insista, persista, busque el momento, sea sincero, ábrale su corazón. Su hijo tiene que percibirlo como un padre no como un guardián. Tiene que sentir que usted es alguien con quien puede equivocarse y volver a intentarlo. Tiene que sentir que en ese ambiente, su hogar, él es amado más allá de sus logros, más allá de sus conquistas. En ese ambiente, no importa si estudia o no estudia, si es bueno o es malo; en ese ambiente, es hijo; en ese ambiente, él está seguro, puede bajar la guardia y disfrutar porque no hay nada que temer. Ese ambiente es el amor.

Las consultas de Ernesto continuaron, llevó tiempo que lograra un equilibrio entre su trabajo y la calidad de tiempo con su familia. No se trataba de que no trabajara, sino de encontrar un fin adecuado para su esfuerzo. El mejor de los ambientes donde un niño puede crecer es en el seno de un ambiente de afecto y de expresión de mutuo afecto. Cuando esto no se da, las personas no logran generar correctamente el recurso psíquico del amor ni propio ni ajeno por lo que si no resuelven esta falta, pasarán toda la vida intentando satisfacerla.

3. La percepción de ser rechazados

El origen de todos los temores radica en el temor a ser rechazado. No me estoy refiriendo al simple hecho de ser expulsado de un determinado lugar, sino a las múltiples formas en las que los seres humanos, muchas veces, sufrimos el desamor de aquellas personas que son más importantes para nosotros.

Los miedos a no ser aprobados, no ser buscados o no ser valorados se han convertido en la actualidad en los principales motivadores e impulsan de forma inconsciente la búsqueda de la fama, la admiración, la aceptación, la aprobación y todo lo que esté relacionado con saberse amado o aprobado en las distintas esferas de nuestras vidas.

Muchas personas que en sus infancias vivieron situaciones traumáticas o que no fueron motivadas correctamente pasan toda su vida desarrollando síntomas para evitar ser rechazados nuevamente o para no perder aquellas aprobaciones que creen haber logrado. Síntomas como la autoexigencia, el pánico al fracaso, el maltrato a los demás, etcétera, son síntomas de personas que intentan evitar tanto ser rechazados nuevamente como ser finalmente aceptados. Veamos el siguiente diálogo con una paciente:

Larisa era una joven a quien sus relaciones interpersonales calificaban como muy asfixiante. Todas sus relaciones, tanto las amistades como los novios con los que había estado, eran torturadas con mensajes de textos y llamadas telefónicas, en los que la joven les preguntaba por qué no habían ido a visitarla o con quién estaban pasando la tarde. Ella no se daba cuenta de que su nivel de exigencia sobre los otros hacía que las personas se apartaran debido a la sensación de ser controladas y manipuladas. Finalmente, ocurría lo que ella tanto temía: dejaban de visitarla y de relacionarse con ella. ¿Por qué? Porque no les daba libertad a las relaciones, no les permitía decidir por ellas mismas qué querían hacer, y esto generaba la sensación de asfixia relacional.

—¿Por qué estoy siempre peleando para que no me dejen, doctor? —me preguntó angustiada en la consulta.

—¿Eso ocurre seguido? —pregunté.

—Sí, por lo general, con mis amigas y con los chicos con los que quiero alguna relación seria.

—¿Por qué piensas que te quieren dejar? ¿Ellos te lo dicen o se van sin más?

—No, es algo que yo siento.

—¿Tú sientes que te quieren dejar? —pregunté de forma insistente.

—Sí, eso siento.

—¿Y qué haces para evitarlo?

—Los llamo, les pregunto dónde están, qué están haciendo, con quién están. Si quieren venir a mi casa, si quieren que nos juntemos, etcétera.

—¿No te da la sensación de que eso es muy hostigante? —continué.

—Sí, pero no sé cómo evitarlo, me lleno de celos y comienzo a odiarlos.

—¿Y qué haces?

—Quizá me pongo agresiva y, como doy por seguro que se

quieren deshacer de mí, los echo yo primero o bien me largo a llorar mucho. ¿Por qué me dan tantos celos, doctor?

—Los celos son emociones muy dañinas que se presentan cuando las personas tienen la creencia de que serán desplazadas por otras. De esa forma, el recurso que utilizarán de acuerdo con la lógica del celo es la agresividad —le expliqué pacientemente.

—A mí nunca me quisieron, doctor, siempre estuve buscando el afecto de los otros comenzó a decirme Larisa con su voz quebrada.

—¿Nadie te quiso? —le pregunté inquieto.

—No, nunca.

—¿Nadie? ¿Ni siquiera tus abuelos, tus tíos, las parejas anteriores? ¿Ningún amigo? ¿Nadie? —insistí.

—Bueno, no lo sé, supongo que alguien me pudo haber querido, pero yo no lo sentí.

—Ese quizá sea el punto, Larisa. Lo difícil no es que alguien te quiera sino que tú lo creas, que te dejes querer y que lo disfrutes.

El espacio terapéutico terminó con un silencio analítico.

Cuando una persona no fue estimulada en sus primeros años de vida, tanto en la aprobación como en la aceptación, desarrolla un sistema de creencias que se establece como plataforma sobre la que se edifican los nuevos conceptos de la vida con los cuales sociabilizará. En el caso de Larisa, ella *daba por hecho* que si no se esforzaba en retener a las personas que estaban con ella, podía perderlas porque ella no había sido entrenada en que podía ser amada solo por lo que era.

Esta falta de estimulación —como veremos más adelante— generará una creencia automática de un bajo autoconcepto debido a que si no se fue amado o deseado por los otros, "debe haber sido por algo" (esa es la forma equivocada con la que muchos manejan el pensamiento). Ese bajo autoconcepto genera falta de confianza personal que lleva a una actitud de temor ante el fracaso debido a que este reflejaría lo que tanto teme que los otros vean: su "pseudoinutilidad" (*pseudo* porque sabemos que no es así).

Muchas personas manejan de forma tal esta especulación de no ser rechazadas que movilizan toda una vida alrededor de consignas similares a las siguientes: "Debo ser amado, debo ser exitoso, debo ser famoso, debo ser admirado, consultado, etcétera". Cuando estas demandas no se alcanzan, las personas pueden interpretar que todo lo que se viva con los demás estará en relación directa con esos fracasos y pueden ponerse a la defensiva con las relaciones interpersonales, "percibiendo que todo su alrededor no está a gusto con él o ella, así que vive la sensación de ser rechazado por la mayoría de su entorno". A esta percepción, la definiremos como "percepción de rechazo". No importa si el rechazo es real o no a los fines terapéuticos, ya que la persona debe aprender a aceptarse a sí misma, a elevar su autoconcepto y a elevar su autoconfianza, ya sea que se imagine que la rechazan, ya sea que verdaderamente esté ocurriendo.

Lo importante no es lo que los otros crean de nosotros sino lo que nosotros creemos de nosotros.

Todos los seres humanos intentamos evitar el rechazo. El solo hecho de que nos acicalemos antes de salir peinándonos o arreglándonos la ropa es porque, de alguna forma, nos interesa la opinión que los otros puedan tener de nosotros. Pretender agradar no es algo malo, el problema se establece cuando la opinión de los demás nos obliga a cambiar la opinión que nosotros tenemos de nosotros mismos. Todos queremos ser amados, todos deseamos sabernos deseados y admirados, es una necesidad que tenemos los seres humanos para desarrollar la autoconfianza, y esta es necesaria para poder realizar acciones en la vida social. Quien no logre percibir el afecto de los otros, tendrá grandes dificultades para confiar en sí mismo y puede equivocadamente desarrollar pensamientos tales como: "Si los otros no me aman, por algo debe ser, quizá, no sea lo suficientemente bueno, lo suficientemente inteligente, lo suficientemente lindo, etcétera". Intentar evitar el rechazo no es algo patológico, pero las distintas formas en que lo hagamos es lo que nos permitirá ser funcionales o disfuncionales en el medio donde nos movemos.

4. La importancia de sabernos amados

Muestra el *Diccionario de la Real Academia Española* que la palabra "rechazar" tiene varias acepciones. Tomo dos de ellas: "resistir a un cuerpo forzándole a retroceder en su curso o movimiento. Es no aceptar a una persona".

Somos testigos de los enfrentamientos sociales que esta acción o interpretación de la acción genera en la sociedad.

Digo "interpretación", porque si bien es cierto que existe un nivel de discriminación y rechazo alto en todos los ambientes sociales, también, es cierto que cuando se tiene la alerta y las defensas activas en forma constante, se generan interpretaciones erróneas que causan defensas innecesarias y, por consecuencia, confrontaciones violentas.

En una oportunidad, fui testigo de una discusión callejera que se generó entre dos jóvenes y que terminó a los golpes, y hasta tuvo que intervenir la policía. Dos jóvenes venían caminando de frente; por algún motivo, uno de ellos miró a los ojos al otro que pasaba a su lado. Entonces, el que pasaba le preguntó:

—¿Qué miras?

—Tú, ¿qué miras?

—No te hagas el... que vienes mirándome hace rato. ¿Qué te pasa? ¿Te caigo mal? —preguntó mientras se detenía y ponía los puños en posición de amenaza.

—A mí no me asustas —contestó el otro— te voy a sacar las ganas de andar buscando líos gratis —y ni bien dijo eso, lanzó un golpe de puño que dejó a su contrincante aturdido por unos segundos. Inmediatamente, la policía intervino y el asunto quedó allí.

Mucha gente que anda por la calle cree que alguien la está mirando, y no me refiero a los que tienen, particularmente, un proceso paranoico en sus mentes. Pueden ser personas que están convencidas de que en sus trabajos se habla de ellas a escondidas, que en sus casas no las quieren y no se lo dicen, que sus parejas las engañan y que ya no las aman, que en la escuela nadie se fija en ellas y no son importantes, etcétera.

La "percepción de rechazo" cobra mayor fuerza en la sociedad, y lo peor de esto es que muchas veces ocurre que quien no la tiene, la fabrica por interés. Es que nadie en esta sociedad acepta el rechazo, entonces, parece conveniente tomar la bandera de la victimización (es decir, sentirse rechazado, para poder tener una voz que los otros oigan). Sin darnos cuenta, todos los que rechazamos el rechazo, usamos el mismo "rechazo" como recurso de hostilidad para impedir esta dinámica. Hay un implícito social que dice: No me interesa lo que quieras hacer, pero si eres rechazado te vamos a apoyar, porque no toleramos el rechazo, así que vamos a "rechazar" el rechazo.

Muchas veces, una idea política o social no será bien vista por la mayoría, pero si la persona que la defiende logra demostrarles a los otros que está siendo rechazada por tener una idea o un estilo de vida diferente, la mayoría de la sociedad la apoyará, porque el sentimiento de rechazo es tan popular que todos se unirán para rechazar al discriminador, aunque todos lo seamos, ya que estamos rechazando al que rechaza (aunque no nos guste, la sociedad sigue manejando el ojo por ojo).

Es común ver cómo muchas personas que anhelan fama promocionan el maltrato que viven con el objetivo de llamar la atención de los medios de comunicación. Este mecanismo es definido como el "recurso de la victimización", que es tan dañino como el recurso de la violencia propiamente dicha. Lo que intento explicar es que el "rechazo" es una experiencia vivida socialmente en sus tres dinámicas: en el aspecto concreto, es decir, cuando hay un verdadero rechazo o una discriminación social; en la percepción real, es decir, cuando la persona tiene la creencia real de que está viviendo un rechazo o una discriminación; y por intereses personales, cuando una persona fabrica esa percepción para lograr los beneficios que la sociedad les ofrece a estas víctimas.

Si bien es una temática de la psicología social, uso este comentario para que se pueda entender cómo influye socialmente el rechazo o la discriminación, la percepción de rechazo y, también, cómo puede ser usada en muchas circunstancias para manipular opiniones públicas. (Lo gracioso de esto es que corro el riesgo de que alguien con percepción de rechazo pueda estar usando estas líneas para interpretar que mi comentario es en contra de algún grupo en particular del cual forma parte y, entonces, quiera agredirme por sentirse agredido. Pero estas líneas tienen solo el objetivo de enseñar, no estoy haciendo alusión a ningún grupo social ni a personas determinadas.)

1. Nuestra forma de interpretar los acontecimientos comienza en la vida intrauterina.

Lo importante es saber que la formación psíquica y, por lo tanto, la estructura de sociabilización, es decir, nuestra personalidad para tener amigos, conseguir trabajo, desarrollar proyectos y conquistarlos comienza a partir de la concepción del individuo. Es decir, desde la etapa intrauterina, el ser humano empieza a formar dinámicas psíquicas para poder interpretar su mundo exterior. Durante los primeros cinco años de vida, el sujeto es expuesto a una serie de experiencias que determinarán su formateo psíquico, que le dará las herramientas básicas para el resto de su vida. Esa formación psíquica va a estar influenciada directamente por los padres o por quienes asuman el rol de protección. El ambiente familiar que se desarrolle alrededor de ese niño determinará la calidad de autoconcepto, autoconfianza y autoestima que esa persona tenga en el futuro.

2. La función de los padres o tutores es proporcionar amor en sus tres manifestaciones.

Una de las principales tareas es darle al niño experiencias de vida que se conviertan en herramientas psíquicas que le permitan desarrollar confianza en sí mismo para desenvolverse solo en medio de la sociedad y con sus pares. Esas experiencias de vida están relacionadas con el afecto. El amor, en la relación padre-hijo, se manifiesta en tres dinámicas de expresión: verbal, física y por medio de actos concretos. La forma verbal es decirles a los hijos que los aman, que los aceptan sin otorgarle calificaciones a su persona. Las expresiones físicas se dan a través de abrazos, contactos de piel y besos. Los actos concretos son los momentos en que se les da comida, abrigo, regalos y tiempo; también, cuando se les demuestra la importancia que tienen (muchos padres solo se concentran en esta última forma de expresión, pero, sin las anteriores, esta genera una estructura psíquica débil).

Cuando esas experiencias no son satisfactorias, las herramientas psíquicas no se desarrollan ni aprenden bien por diferentes motivos. Lo que ocurrirá es que el desarrollo de esa estructura psíquica interna que da estabilidad y confianza estará incompleta y, por lo tanto, funcionará de forma irregular, lo que le dejará síntomas manifiestos que en la infancia no causarán grandes problemas, porque siempre un adulto se encargará de contenerlos, pero a medida que crezca, se manifestarán síntomas de relacionamiento que pueden llevar a vivir una vida tormentosa y angustiante para uno mismo y para los otros. Como decíamos al inicio de este apartado, la herramienta fundamental que se necesita para desarrollar estas dinámicas psíquicas es el amor. Si bien no pretendo abordar el diseño del amor, ya que lo considero un diseño originado en Dios mismo y el desarrollo de esta sola temática es mucho más amplio que este mismo libro, quiero rescatar ciertos conceptos que nos serán útiles para comprender su importancia en la formación psíquica de la humanidad.

El *amor* implica la aceptación de nuestro par y el deseo de que el "otro" esté allí (los terapeutas decimos "otro" al prójimo). Esta situación genera en los sujetos la capacidad de comenzar a desarrollar pensamientos importantes en relación con su existencia. La base es la experiencia, y la experiencia se manifiesta por la palabra, por el contacto físico y por los actos en favor de la persona. Cuando estas tres experiencias se combinan, se desarrolla un terreno mental fértil para pensar cosas como: "Si me aman, es porque debo ser bueno", "Si me aman, es porque debo ser útil", "Si me aman, no importan mis errores, porque ya tengo el amor de mis seres queridos", "Soy amado por existir, no por mis logros", "Soy importante por mi propia persona, no por mis conquistas", etcétera. Cuando alguien no es amado en su primera etapa de vida, o no percibe este afecto por la incapacidad de sus padres o tutores de demostrarlo en sus tres dinámicas, construye como base de sus pensamientos otros fundamentos como: "Debo ser bueno para que mamá me ame", "Debo hacer las cosas bien para que papá me ame", "Si hago las cosas mal, no me amarán", "Si fracaso, seré abandonado", "Si hablo, no me querrán", "Si digo lo que me molesta, me dejarán", etcétera. Estos pensamientos, que veremos más adelante en las manifestaciones sintomatológicas, son los que determinarán el éxito o el fracaso en la autoconfianza y en las relaciones interpersonales, por eso, serán claves en las conductas de la vida adulta. Cuando una persona se dé cuenta de que no ha sido estimulada en el afecto y pretenda aprender a confiar en sí misma de acuerdo con las fortalezas que Dios le ha dado, deberá desarraigarse de todo el sistema de creencias que refuerza su baja autoconfianza. Este trabajo es el más difícil. No se trata de que los otros comiencen a aprobarnos. En la etapa adulta, ya no es un requisito recibir la aprobación del mundo, ahora somos adultos y podemos definir nosotros mismos lo que creemos de nosotros.

Ya no somos niños que necesitan que les digan cómo son o qué son capaces de hacer. Por eso, aprender a desarrollar esa actitud de solo confiar en lo que Dios hizo y dice de nosotros es el objetivo de este libro. Desarrollar la confianza en quiénes somos.

Soy pastor de una congregación cristiana desde hace tiempo y he aconsejado y ayudado a muchas personas durante los últimos quince años de mi vida, entre la vida ministerial y la vida profesional. En cierta oportunidad, un joven vino a verme porque ya no aguantaba más el nivel de fracaso que él creía que tenía en su vida. Lo que rebalsó la gota de su tolerancia fue que la joven de la que él estaba enamorado hacía ya mucho tiempo se había puesto de novia con otro chico.

—No doy más —me dijo llorando—. No logro conseguir un trabajo estable, no tengo amigos, me paso los días encerrado en mi casa. No quiero estudiar, porque estoy muy triste; cuando alguien me invita a algún lado, voy, pero no logro decir nada durante toda la salida. Los chicos de mi edad me ven como un zombi, un extraterrestre. Y ahora… ella se puso de novia con otro chico. No tengo más ganas de vivir así.

—¿Qué piensas de ti mismo, Gustavo?

—Que soy un desastre, un fracasado, un caso perdido —respondió casi instantáneamente.

—¿Qué piensas que pienso yo de ti? —pregunté.

—Me debe tener lástima, debe querer ayudarme, pero lamento que vaya a perder su tiempo.

—¿Crees que todos te tienen lástima o tienen un mal concepto de ti?

—Sí, lo creo.

—¿Y tus padres?

—Ellos me quieren, pero saben que soy un fracasado.

—¿Por qué dices eso?

—Mi padre es un comerciante a quien le va muy bien en su trabajo. De pequeño, recuerdo que pasaba mucho tiempo junto a él. Mi madre me sobreprotegió, nunca me dejó hacer nada. Creo que me amaba mucho, pero no me creía capaz de hacer cosas. Aún hasta el día de hoy, ella arregla mi habitación. El otro día quise tender mi cama, porque estaba aburrido, y ella la desarmó y la volvió a tender.

Me dijo: "Así está mejor, más estirada". Está claro que me ama, pero no me cree capaz de hacer cosas.

—¿Tus padres te han dicho que te aman?

—No hace falta, sé que lo hacen —me dijo.

—¿Sabes? ¿Realmente lo sabes? —le pregunté para evaluar la firmeza de su convicción.

—La verdad es que nunca me dijeron que me amaban. Siempre me dieron todo. Todo lo que quise lo tuve.

—¿Te sentiste aprobado por tus padres? ¿O necesitaste grandes esfuerzos para lograr sentir que te aprobaban?

Se hizo silencio. De pronto, comenzó a llorar. Entonces, algo ocurrió: comenzó a golpear la puerta y a maldecir.

—Nuncaaaa, nuncaaaa, nuncaaaa, vi en sus ojos satisfacción por mí… Siempre recibí lástima, compasión, misericordia, pero no recuerdo haber visto a mis padres felices conmigo, siempre fui una carga, hasta el día de hoy me parece escuchar que discuten porque mi madre quiere que mi padre me lleve a trabajar con él, y él le dice que yo tengo todo lo que necesito, que no hace falta.

Gustavo siguió llorando como un niño, llegó a arrodillarse y a gritar enfurecido. La impotencia explotaba en su voz. "Nunca…". Me quedé pensando en esa palabra, me quedé pensando en una vida así…

Pasó bastante tiempo para que Gustavo confiara en Dios y en que su vida no era una casualidad, para entender que Dios lo amaba por ser solo Gustavo.

Él aprendió a recibir ese amor y comenzó a incorporar en su sistema de creencias que si Dios lo amaba, él era alguien importante. Pronto pudo hacer las paces con sus padres y entender que ellos mismos habían tenido una historia parecida a la de él. Con esta plataforma, Gustavo comenzó a desarrollar actividades de asertividad para entrenar la confianza en sus acciones y en sus capacidades.

El amor es importante en la vida de las personas, porque es el fundamento para sabernos importantes sin la necesidad de ganar esta posición: La de ser amados.

3. Muchos padres utilizan el chantaje emocional para estimular conductas en sus hijos.

De forma equivocada, intentan motivar a sus hijos a desarrollar mejores esfuerzos como obedecer, estudiar, trabajar, etcétera, con la mejor intención de que puedan desarrollar costumbres que les servirán en el futuro. Un padre funcional es aquel que ayuda a su hijo a valerse por sí mismo. Pero cuando para lograr ese objetivo, utiliza un chantaje emocional, lo que logra es el efecto contrario. Veamos frases que dejan en claro lo que puede ser un chantaje emocional:

- "Si te portas bien, mamá se pone contenta". Esta expresión deja en el niño el implícito de que si su madre está triste, es por su culpa.
- "Si lloras, mamá se va". Esta idea permite desarrollar una plataforma psíquica tal que el niño pensará que no debe expresar su angustia porque, si lo hace, la gente a su alrededor se va a ir.
- "Estudia para ser alguien". El mito o lugar común de que solo un estudio formal y un título dan sentido de persona. La idea de fracasar en esta área puede llevar a los jóvenes abrumados con estas ideas a depresiones profundas y aún más, a simpatizar con ideas de muerte.

El amor original se manifiesta de forma desinteresada. No hay un motivo para amar, solo se ama. De lo contrario, no es amor o, por lo menos, no es el amor que manifiesta la Biblia (si bien acepto que hay diferentes formas de pensar sobre este tema, busco mantener una línea sostenida en una coherencia). No obstante, sea cual sea la forma de pensar, en cuanto al amor se refiere, el ser humano funciona mejor en la medida en que recibe un amor incondicional.

4. Cuando el amor recibido en nuestra infancia fue condicionado, aparecerán síntomas en la conducta.

Cuando carecemos de ese fundamento en los orígenes de nuestra vida (amor incondicional) o si somos motivados por un estilo de amor condicionado, pasamos mucho tiempo e invertimos mucha energía psíquica en alcanzar ese estado durante la vida. Quizá, la búsqueda del amor se convierta para nosotros en el eje de nuestra vida.

Hay una canción muy conocida llamada Penélope. Se la escuché por primera vez a Joan Manuel Serrat. Sin embargo, me gusta más la interpretación que hace de ella Diego Torres. La letra de la canción habla de una jovencita cuyo novio se va en un tren con la promesa de volver, y ella pasa toda la vida esperando a su amado sentada en el andén. Cuando su amado regresa, ella no lo reconoce y sigue esperando allí, ¡quién sabe hasta cuándo! ¡Qué historia más triste! Sin embargo, más triste es reconocer que en la vida real mucha gente ha dejado de realizar proyectos personales por esperar el afecto de los otros. Hay muchas Penélope en la ciudad. Muchas jovencitas y muchachos que han detenido su marcha, porque alguien los ha rechazado. Y a partir de eso, creen que no tiene sentido continuar, porque no son amados por las personas que ellos anhelan. Sin embargo, estas historias, dignas de películas de Hollywood, pueden parecer muy románticas en la pantalla de la televisión, pero no son más que la triste realidad de vidas desperdiciadas porque no les enseñaron a esos jóvenes que sus vidas tienen valor. No por el amor de una persona, sino por el solo hecho de existir.

Poner fundamentos de amor en el inicio de una vida tiene una implicancia espiritual, almática y biológica. Si hicieron eso con nosotros, generaron una especie de muralla que nos protegerá en la vida de toda inclemencia que intente destruirnos. Cada vez que tengamos la idea de muerte o desánimo, la muralla de sabernos importantes y capaces de vencer las dificultades (dinámicas establecidas porque fuimos amados y aprobados) nos ayudará a que no decaigamos ni en nuestro ánimo ni en nuestras relaciones interpersonales.

5. Los traumas son las puertas de entrada de la percepción de rechazo

Cuando esa muralla de contención que mencionamos no es establecida desde nuestra concepción, se generan huecos, como falta de amor, de aprobación, de aceptación, por la falta de los estímulos apropiados y ocurre una falla en la construcción de la estructura dinámica, lo que causa el "trauma".

La palabra "trauma" etimológicamente significa "herida", que a su vez, deriva del término "perforar", "horadar, agujerear una cosa atravesándola de parte a parte". Esto literalmente es lo que significa trauma. Lo interesante es que por ese agujero psíquico pueden filtrarse pensamientos y dinámicas que infectan la construcción de una identidad sana.

Los seres humanos tienen la necesidad de seguridad y protección desde la vida intrauterina hasta la edad adulta. El lenguaje que permite al feto y al niño medir el nivel de seguridad es el lenguaje del afecto en las tres manifestaciones antes mencionadas. Cuando no existen esas manifestaciones de afecto o cuando son escasas, el sujeto en formación comienza a percibir riesgo de existencia y entra en un estado de alerta continuo. Los estados de alerta —como explico en mi libro *Vivir tranquilo*— generan agotamiento psíquico y facilitan la disminución de las defensas biológicas, lo que posibilita la activación de diferentes enfermedades. Con sinceridad, creo que los niños pueden morir por falta de amor.

Esas ausencias de afecto en la vida de las personas se manifiestan como traumas, agujeros o perforaciones en las estructuras psíquicas, alteraciones que permiten la entrada de ideas o la formación de ideas del ambiente, como por ejemplo, que no somos tan buenos como otros, que no somos útiles, que no somos importantes, etcétera.

Los traumas son puertas usadas por las dinámicas de rechazo para construir sus diseños (dinámicas) en la mente de las personas. Una vez generado el trauma dentro de la psiquis, aparecen plataformas de pensamientos que favorecen ideas de percepción de rechazo, como por ejemplo, "No me quieren, no me aman, no me aceptan, no me admiran, etcétera".

El inicio de la formación de las ideas de rechazo empieza en situaciones traumáticas en los inicios de la existencia o en la infancia. Cuando una persona vive traumas que infectan los fundamentos psíquicos que le permiten sociabilizar, comenzará a actuar de forma coherente con su dinámica interna. Es decir, si esa persona está programada mentalmente como una persona sin valor para los demás, se comportará sin esperar afecto de los otros. Si está programada de manera que solo puede calificar como persona si tiene estudios, pues su conducta estará asociada a lograr esa meta, cueste lo que cueste, con todo lo que ello implique o, de lo contrario, se deprimirá en el intento. Estas personas intentan obtener algo que ya tienen, pero que no lo saben: aprobación e importancia.

Sepa el lector que si no es aprobado por las personas de su entorno, es suficiente para su salud psíquica que usted mismo lo haga y que sepa que para Dios su vida vale. Para intentar compensar las faltas que se viven y que normalmente se generan de forma automática sin mediar pensamientos ni análisis, se comienza a desarrollar conductas que denominaremos "mecanismos defensivos". La función de los mecanismos defensivos es evitar la desintegración psíquica, es decir, la locura. Sin embargo, cuando estos son muy forzados, hacen que las personas funcionen inadecuadamente y que vivan vidas carentes de calidad y de conquistas importantes, lo que incrementará aún más la creencia de que no son importantes y que deben esforzarse más para serlo.

Recuerdo a una paciente cuya madre la había traído a mi consultorio por las reacciones de ira violenta y la tendencia anoréxica y bulímica que tenía. Era difícil trabajar con aquella joven, pero más difícil era trabajar con su madre. Había que hacerle comprender que el nivel de exigencia que tenía sobre su hija, simplemente, la perjudicaba.

Marina era una excelente estudiante, pero comenzó a hacer síntomas de bulimia con anorexia compensatoria luego de que en un examen le había ido mal. Las cosas en su casa no estaban bien. Sus padres se estaban por separar, por una infidelidad de su padre hacia su madre. Su madre le exigía notas altas para mantener la posición de abanderada en la escuela, de esa forma ella sería lo que su madre no había logrado. De lo contrario, "sería una fracasada como su madre", me contaba Marina en la consulta.

Una mañana, su madre me llamó angustiada, porque Marina se había querido quitar la vida, pero no había tenido éxito en su intento. Cuando llegué a la casa, la encontré tirada en su cama muy adormecida por las pastillas que había querido ingerir y que su madre alcanzó a arrebatarle.

—¿Por qué lo hiciste? —le pregunté serio.

—Estoy cansada, no voy a lograrlo.

—¿Qué cosa no vas a lograr?

—Ser como mis padres quieren, no soy una buena estudiante, no soy una buena hija, mi madre está todo el día vigilándome, ha dejado de hacer su vida para cuidar la mía. Mi padre se va de casa, seguro que no siente amor, por eso lo busca en otro lado. ¿Yo no sé amar, doctor?

—Lo de tu padre no tiene nada que ver contigo ni siquiera lo de tu madre tiene que ver contigo —hice silencio, miré alrededor intentando tragar saliva para que no se me escaparan las lágrimas.

Esa es la parte difícil de mi profesión, llorar delante de los pacientes no ayuda, solo asusta más, y no me gustaría que la persona que me tiene que ayudar se largue a llorar cuando le cuento mi problema.

—Ya no quiero vivir, doctor, ayúdeme a morir.

—No sabes lo que pides, la muerte es una mentira. No soluciona nada. Has vivido engañada, por eso no quieres vivir, porque no conociste la verdad de tu existencia. Déjame entrenarte. Déjame instruirte.

—No lo sé, estoy cansada, solo quiero dormir —sus ojos se

fueron cerrando y yo me quedé mirando la ventana que daba al patio. Su madre parada en el marco de la puerta lloraba.

—Va a estar bien, solo demuéstrele que la ama —le dije a la mamá mientras guardaba mis cosas en el portafolios.

La percepción de rechazo incapacita a los niños para recibir amor, seguridad, identidad, aceptación, autoestima, autoimagen sana. Sus comportamientos serán influenciados por esta carencia, porque tendrán ausencia de autoconfianza, lo que los llevará siempre a comportarse de una manera particular con el objetivo de cumplir las normas que los ayuden a lograr aceptación, importancia o afecto. El estado de preocupación por parte de la mamá de Marina y la atención que causó en su padre, motivó a Marina a repetir su conducta autodestructiva en varias ocasiones, obligándome en una oportunidad a sugerir la internación. Ella logró manifestarme que lo hacía porque era en el único momento en el que se sentía importante para sus padres.

Es importante aclarar que la autoestima no está afectada la mayor parte de las veces, el amor propio no es algo que se vea afectado. Si la persona no se quisiera, no intentaría mecanismos defensivos para lograr salvar o proteger su imagen. Lo que está afectado es su *autoconfianza*.

Hay muchas situaciones que pueden generar traumas. Las dinámicas psíquicas, cuando se forman, no tienen elementos cognitivos. En realidad, la estructura cognitiva es la última en formarse, ya que corresponde a la corteza cerebral, que se considera la parte del sistema nervioso que se desarrolla en la etapa final. Sin embargo, estudios embriológicos han demostrado cómo los fetos reaccionan a estímulos del medio extrauterino e intrauterino. Las dinámicas que se desarrollan son netamente inconscientes, los adultos no tenemos ningún tipo de registro de recuerdos de la vida intrauterina, pero esto no demuestra que el feto no interaccione con su medio. Por este motivo, muchas veces, las personas no registran los traumas vividos. Pueden haber vivido situaciones que el organismo simplemente desplazó de la estructura consciente para evitar el agotamiento psíquico. Por lo tanto, estas vivencias quedaron en dinámicas inconscientes.

Muchas veces, se originan traumas por situaciones que no han sido intencionales, simplemente ocurrieron, pero el feto o el niño lo viven como una falta de protección y, por lo tanto, aparece una sensación de riesgo de muerte. Esas situaciones traumáticas abren puertas que generan dinámicas psíquicas de percepción de rechazo.

6. Tipos de traumas

Veamos situaciones que pueden ser traumáticas para la estructura psíquica:

1. Rechazo del embarazo.

Hace un tiempo, en algunas páginas web, se vieron las fotos que un fotógrafo había tomado del agua mientras en el ambiente sonaban diferentes tipos de música. Esta experiencia hizo que muchos científicos concluyeran que las moléculas del agua reaccionan al medio ambiente de acuerdo con las situaciones. Cuando un feto no es deseado, cuando existe un rechazo manifiesto, esta falta de amor de quien representa la máxima protección es percibida de alguna forma y, en consecuencia, se comienzan a generar plataformas psíquicas de rechazo. Acepto la idea de que el feto tenga percepción, aunque esté en discusión en el ámbito científico, pero sigo una línea de pensamiento —muy aceptada por muchos otros colegas científicos— que afirma que el feto ya tiene todas las estructuras celulares necesarias para percibir el medio. Si las moléculas de agua son modificadas en sus formas de acuerdo con la música, no está fuera de la lógica pensar que, como estamos constituidos por un 70% de agua, podemos reaccionar más allá de si entendemos o no entendemos el medio de forma consciente. En este apartado también se puede incluir el intento de aborto, ya que se desarrollaría la misma dinámica psíquica.

2. Maltrato nutricional.

Se trata de situaciones donde la escasez de alimentos o la mala alimentación por falta de nutrientes pone en riesgo la vida del bebé.

El feto interpreta una sensación de inseguridad ante la presencia de un ambiente hostil de rechazo. Recordemos que todavía no hay una estructura de conciencia, por lo tanto, la cuestión no es si se lo ama o no. El hecho de que esté en "un mundo hostil que le prepara su muerte por inanición" ya pone al nuevo ser en un estado de alerta que genera el trauma necesario para interpretar que el entorno no lo quiere.

Este es el tipo de situaciones que viven los niños de países o ciudades con escasos recursos alimenticios.

En cierta oportunidad, viajé al norte de mi país, a la provincia de Formosa. Viajábamos con el objetivo de brindar ayuda médica a una ciudad donde sus habitantes se encontraban en un estado tal que realmente no se espantarían de los peores lugares de Medio Oriente o África. Allí, me encontré con niños que se enfermaban por falta de una buena alimentación. Nos pusimos en contacto con unos pastores de la zona para que nos ayudaran a coordinar la entrega de juguetes que llevábamos.

Estos misioneros también tenían hijos, quienes al ver los

juguetes se pusieron felices y comenzaron a saltar para intentar sacar alguna ventaja sobre los otros niños. No obstante, lo que me llamó la atención no fue la reacción de los hijos de los pastores ni los de los misioneros, reacción previsible ante un juguete nuevo, sino que los niños de la región se quedaron esperando tímidamente que les entregaran los juguetes en sus manos. Esos niños no hacían eso por ser educados, hacían eso por falta de confianza. Sospechaban que esos juguetes no eran para ellos, tenían el registro de que el mundo no los amaba, por lo tanto, no se esforzarían en tomar algo que no les pertenecía. Ese día aprendí a agradecer todo lo que había recibido en mi vida.

3. Parto de riesgo.

El ambiente hostil con riesgo de muerte (recordemos que hablamos de traumas; no de rechazos, sino de la "percepción" de rechazo). Es frecuente que personas que sufrieron ciertos riesgos durante la vida intrauterina, padezcan en su vida adulta de determinados síntomas de conducta que necesiten de ayuda profesional. De hecho, los médicos psiquiatras y muchos médicos clínicos realizan una pregunta de rutina sobre si durante el embarazo de la madre se sufrieron riesgos, como sufrimiento fetal agudo o riesgo de aborto.

4. Abandono.

El abandono es interpretado por el bebé tal como ocurre. El niño no sabe si el padre o la madre tienen que irse de viaje y lo dejan al cuidado de una abuela o un ser querido. El vínculo de protección está dado por sus progenitores, a quienes el niño, a cualquier edad, tiene la capacidad de reconocer consciente o inconscientemente. Existen dos tipos de abandono en los niños: el *real*, que es en el que hay una intención clara y específica de no querer al niño y entonces se lo da en adopción, se lo regala o se lo deja abandonado a su suerte (acto realizado por padres que han sido víctimas de situaciones similares en su infancia, en la mayoría de los casos); y el *ocasional*, que es cuando, por motivos de trabajo, enfermedad, conflictos familiares u otras circunstancias, el niño es dejado al cuidado de familiares o amigos. Esto puede ser un abandono físico continuo o temporario. El abandono genera en la psiquis de los seres humanos la impronta de no ser amado o deseado y la certeza de que aquellos que iban a ser sus protectores no lo aceptan.

Esto llevará a que la persona viva todo el tiempo intentando agradar para no ser abandonado o se intentará retener al otro de forma psicopática, para impedir el abandono (son los casos de maridos o mujeres que amenazan a sus parejas con matarse en el caso de que quieran dejarlos, o matar al otro).

Recuerdo a Morena, una paciente que había venido a la consulta, porque quería aprender a controlar su ira y su nivel de violencia hacia su marido. Luego de mucho indagar, llegamos a la conclusión de que su ira se activaba cuando ella creía que corría riesgos de que su marido la dejara. Entonces, lo amenazaba con matarse ella y matar a la hija de ambos, lo que aterraba a su marido y lo obligaba a quedarse bajo el mismo techo a pesar de la violencia psíquica y física que sufría. En los momentos de quietud mental, ella reconocía su nivel de descontrol, pero no sabía cómo hacer para frenarlo. Fue entonces que empezó a recordar cuando sus padres la dejaban sola en su casa y se iban con sus hermanas a pasar un día de campo. Como era una familia numerosa, ella no entraba en el auto, y le pedían que se quedara. Ella había vivido actos de rechazo tremendos, que sus padres, que aún estaban vivos, por supuesto no recordaban.

Morena terminó separándose. No porque no pudo cambiar, ya que de hecho cambió mucho, simplemente que ella estaba con su marido por temor a estar sola. Lo había engañado en varias oportunidades y después de que desarrolló un nivel de confianza básico para vivir, decidió estar sola para ver cómo podía rehacer su historia. Si bien no es el mejor final, no es el óptimo, lo que intento demostrar con este ejemplo es cómo el abandono padecido en algún momento de la infancia o adolescencia puede afectar la conducta de las personas en sus vidas adultas.

5. Enfermedades de riesgo.

Los niños que tienen que estar en incubadoras tienen mayor nivel de dificultad para consolidar un perfil de autoconfianza, aunque esto muchas veces parezca injusto para los padres. Este tipo de traumas es una forma del anterior.

Hace un tiempo, con mi esposa regresábamos de una cena de trabajo y nos encontramos con que nuestro hijo, que en ese momento tenía unos dos años y medio, estaba llorando por un dolor de oído. Habíamos dejado a nuestros hijos con una joven amiga de la casa. Ya lo habíamos hecho antes en varias oportunidades, pero esta vez el tiempo fue algo mayor, habíamos estado unas siete horas fuera de la casa. Cuando intentamos acercarnos, él lloraba fuertemente y no quería que lo tocáramos. Entonces, como es mi costumbre, comencé a orar por él. En la medida en que oraba, sentí una necesidad muy grande de pedirle perdón, pero no sabía por qué. De pronto, como un rayo, comenzaron a aparecer en mi mente recuerdos del nacimiento de mi hijo. Él había sufrido al nacer una neumonía y una sepsis que casi lo mata. Estuvo varios días en una incubadora, y nosotros íbamos y veníamos cuatro veces por día a la clínica para verlo.

Cuando recordé el hecho, pensé que era un exagerado y que cómo un niño recién nacido podía tener registro de su nacimiento y aún más, cómo iba a pedirle perdón por algo necesario que le salvó la vida. Sin embargo, también pensé: "No hay nada que perder". Le expliqué a mi esposa lo que estaba pensando y ella me dijo que le pidiéramos perdón, a pesar de no entenderlo todavía. Entonces, mientras mi hijo lloraba, tuvimos la siguiente conversación:

—Nico, ¿me escuchas?

—Chi... (su forma de decir sí, en ese tiempo).

—Necesito decirte algo, ¿me escuchas?

—Chi... —volvió a repetir.

—Papá y mamá te aman. Hoy llegamos tarde, pero te dejamos cuidado y sabíamos que ibas a estar bien —le dije. Y aunque me sentía algo tonto, continué con mi hipótesis.

—Chi... —decía él sin entender nada. Únicamente sollozaba y se agarraba su oído por el dolor.

—Y te quiero contar algo, ¿me escuchas? —repetía yo, porque él miraba para otro lado y lloraba.

—Chi...

—Cuando eras chico, mamá y papá te tuvieron que dejar en una clínica para que te curaras de una enfermedad. Fueron unos pocos días, pero mamá y papá siempre te fueron a ver y estuvieron al lado tuyo todo el tiempo.

—Chi... —decía él.

Yo sabía que Nicolás no entendía nada, sin embargo, continué.

—Pero hoy te queremos pedir perdón si eso te hizo creer que te habíamos abandonado. Papá y mamá nunca te abandonaron, siempre te amamos, eres un hijo muy deseado y amado por nosotros. ¿Nos perdonas?

—Chi… —dijo él.

Yo hice silencio, él siguió sollozando un rato más mientras se iba durmiendo. A los pocos minutos, se durmió por completo. No alcanzamos a medicar su dolencia, que según él era insoportable, y durmió toda la noche. Nunca más supimos de un dolor de oídos. Hoy tiene 5 años.

No pretendo dar una fórmula ni decir que los dolores de oídos se curan pidiendo perdón. Pero sí quiero decir que el cuerpo somatiza lo que nuestra psiquis no sabe expresar con palabras. Mi hijo había generado nuevamente una interpretación de abandono esa noche; al ver que no regresábamos, su mente lo llevó una vez más a su angustia vivida tanto tiempo atrás y que nunca la habíamos tomado en cuenta por lo pequeño que era, pero por algún motivo, esa noche tuve la luz de entender que mi hijo estaba necesitando sanar traumas de su pasado.

6. Ausencia de expresiones de afecto.

Como ya vimos a lo largo de este capítulo, la interpretación de lo que ocurre afuera de nuestra mente es muy relativa. Por eso, es importante que seamos claros en las manifestaciones de nuestro amor. No basta con dar por sentado que el "otro sabe que lo quiero". Porque si bien es un conocimiento cognitivo, es decir, un conocimiento entendido por nuestra mente, es importante poder disfrutar emocionalmente esa realidad.

En unos párrafos anteriores, conté la historia de un joven llamado Gustavo, a quien sus padres nunca le habían dicho que lo amaban ni que él era importante para ellos. Este es el tipo de situaciones a las que me refiero. Sus padres le daban todo lo que ellos creían que él necesitaba, pero lo que realmente necesitaba era su afecto.

7. Ambivalencia afectiva.

Este tipo de traumas es muy común, a pesar de lo extraña que parece la expresión. La ambivalencia afectiva se genera por la inestabilidad emocional de los padres. Ellos demuestran un excesivo amor acompañado de un excesivo odio. Los niños no saben cómo interpretar tales acciones. Viven con altos niveles de estrés, porque no logran crecer en un ámbito seguro, continuamente están alertas, ya que no saben qué va a ocurrir en las próximas horas. Padres que manifiestan amor físico y verbal, pero que luego abusan de sus hijos. Padres que manifiestan y explicitan el afecto, pero que luego a causa del alcohol o la inestabilidad emocional son capaces de golpear a sus hijos ferozmente. Madres chantajistas que manipulan la obediencia de sus hijos mediante el afecto. "Si haces esto, mamá te ama". "¿Vas a irte de casa y te vas a casar? ¿Y yo que te di la vida? Eres un desagradecido".

8. Expresiones explícitas de rechazo.

La manifestación de rechazo expresada de forma clara. Son aquellas situaciones donde los padres, abiertamente, le expresan a sus hijos que desearían que no hubieran estado en sus vidas.

En una oportunidad, vino una madre a pedirme ayuda porque tenía un hijo adicto a las drogas. Su hijo se resistía mucho al tratamiento y, en muchas oportunidades, llegó a robar en su propia casa. Esta mujer tenía una hija que estaba gravemente enferma y corría riesgo de vida. El ambiente familiar se había puesto muy tenso, y el joven empeoró su adicción en forma preocupante. Cuando vino a la consulta, tuvimos esta charla:

—Tu hermana está grave. Tus padres están muy afectados. ¿No crees que podrías esforzarte un poco en este tiempo, por lo menos, para dejar de consumir un poco?

—Lo intenté doctor, pero empeoré —me dijo.

—¿Y qué te ha hecho empeorar?

—No lo sé, tengo bronca. Parece que hay que estar muriéndose para que te den bolilla.

—¿Crees que si estuvieras en el lugar de tu hermana tus padres te prestarían más atención? —pregunté.

—No lo creo, hoy mi madre me dijo que desearía que fuera yo el que se esté muriendo.

Solo callé. La impotencia y el dolor cargaban las lágrimas en los ojos de este joven.

9. Palabras de riesgo de rechazo.

Se condiciona a la persona a comportarse de un modo determinado para conseguir la aprobación de quienes la rodean. La persona solo puede acceder al amor de sus padres o seres queridos si cumple ciertas pautas. Si estudia, si tiene éxito, si se porta bien, si no hace líos, si se calla, si no pide, si no se ensucia, etcétera.

En cierta oportunidad, en una cena de amigos, una madre, que era amiga de los organizadores, comenzó a contarme con gran alegría los logros de su hijo de 7 años. La conversación surgió porque vi que el niño no se levantó de la mesa junto con el resto de los niños ni hizo ningún comentario cuando su madre le pidió que esperara.

—¡Usted es un campeón! —le dije al niño en tono cómplice, como para ganarme su confianza y entablar un diálogo, ya que lo veía muy aburrido y solo. Inmediatamente, su madre, que estaba cerca, interrumpió:

—Sí, eso es lo que le digo siempre, él es un niño especial. No puede comportarse como los demás, porque él está preparado para cosas especiales.

Miró a su hijo y le dijo:

—Termina el pollo, Franco, no dejes comida en tu plato.

—Pero ¡mamá! —quiso interrumpir el niño.

Pero su madre no lo dejó terminar:

—Mamá se va a poner muy triste, y el señor va a cambiar de opinión si no te comes el pollo. ¿No es cierto? —me miró buscando mi complicidad.

Tal vez, esperaba una respuesta positiva de mi parte.

—¡¡No!! ¡¡No es cierto!! Nada tiene que ver mi opinión de que es un campeón, con el pollo de su plato —dije mientras miraba a la mujer a los ojos.

El niño rió, mientras su madre se enderezaba en la silla intentando disimular su expresión de desconcierto.

Cuando un niño no actúa como niño, algo anda mal. Cuando un niño deja de disfrutar para agradar a los padres, es porque está viviendo un amor condicional. Ese niño, si no corrige esa dinámica, se convertirá en una persona dependiente de la aprobación de los demás.

10. *Conductas de rechazo.*

La dinámica establecida es la misma que en los puntos 9 y 10. Los ejemplos los podemos encontrar cuando se compara un hermano con otro y se resaltan las virtudes de uno de ellos. Cuando se elige abiertamente a un hermano y no al otro. Cuando los padres o seres a los que se intenta agradar evitan intencionalmente a la persona. Cuando se deja en forma intencional abandonado a alguien.

11. Sobreprotección.

La sobreprotección genera en las personas, más allá del afecto o el amor que la motiven, una impronta de inutilidad y, en consecuencia, de inseguridad. Recordemos que la función del afecto es brindar un ambiente de seguridad y disminuir la ansiedad. Sin embargo, cuando las personas están sumergidas en ambientes de sobreprotección se convencen de que no son capaces de generar nada por sí mismas. *Es que si mi mamá, que me ama tanto, no me deja hacer nada, debe ser por algo.* Si bien en la mayoría de los casos no se expresa, hay un implícito de que la persona no es capaz de valerse por sí misma o que no es capaz de sobrellevar aflicciones. Esta dinámica desarrolla la creencia de incapacidad y de baja autoconfianza.

Patricio era un joven que había venido a verme, porque su médico anterior había diagnosticado su cuadro como una esquizofrenia hebefrénica. Un tipo de esquizofrenia juvenil de muy mala evolución. Apenas lo conocí me cayó bien. Él quería agradarme y hacía planes para iniciar un trabajo, pero finalmente no salía a buscarlos. Siempre hablábamos de la importancia de animarse y de enfrentar sus miedos. Cuando ya parecía que yo lograba depositar en él alguna herramienta de autoconfianza, apareció su madre en la consulta, y tuvimos el siguiente diálogo:

—Doctor, vengo porque estoy preocupada. Patricio está poniendo mucha insistencia en que quiere salir a buscar trabajo. Dígale que no es conveniente, que él no puede trabajar.

—¿Qué le hace pensar eso, señora? —le pregunté.

—Pues él "es" un esquizofrénico, corre muchos riesgos.

—¿Y quién no corre riesgos? —insistí.

—¿Usted le está poniendo esas ideas raras a mi hijo en la cabeza? —me preguntó.

—Yo creo que su hijo puede trabajar. Hay muchas cosas que él puede hacer.

—Él no necesita trabajar, para eso nos tiene a nosotros. Él es un enfermo, yo soy su madre y estoy para cuidarlo y proveerle lo que necesite —mientras hablaba iba aumentando el tono de voz.

—Conozco su diagnóstico, pero no sugiero un trabajo por necesidad económica, sino como un mecanismo de desarrollar en Patricio confianza en sí mismo.

—Patricio no tiene que confiar en nadie, para eso me tiene a mí. Discúlpeme, doctor, pero no comparto su tratamiento, hasta luego.

Ella se fue y nunca más vi a Patricio. Pasaron unos cuatro años. Hace poco, lo vi encerrado en una clínica psiquiátrica. Estaba perdido, casi ni me reconoció. Cuando le insistí, me miró y me preguntó:

—¿Quiere ser mi médico?

Hice fuerza para no llorar. A veces, son los padres los que ponen a sus hijos en esos lugares.

7. Tipos de rechazo

En relación con el tipo de trauma vivido, los rechazos pueden clasificarse en "rechazo abierto" o bien "rechazo cerrado".

Rechazo abierto.

Se llama rechazo expresado o abierto al que se produce cuando no quedan dudas del trauma. La persona fue abiertamente rechazada, y se lo han manifestado.

Ejemplos:

1. Decir al niño que no fue deseado.
2. Decir al niño que hubieran preferido que no naciera.
3. Decir al niño que esperaban un hijo del otro sexo.
4. Decir al niño frases como: "No sé para qué te traje al mundo". "Estúpido, inútil, nunca llegarás a nada". "Tendrías que aprender de tu hermano... Él sí que es un ejemplo". "Siempre serás un infeliz". "Desaparece de mi vista". "Estoy harto/a de ti". "Tenías que ser tú...". "Ya no te quiero". "Cómo no me deshice de ti".

Todas estas expresiones, más acciones directas donde se ejerce el rechazo como el abandono intencional, son considerados traumas más serios y más difíciles de elaborar, pero posibles de resolver.

Rechazo cerrado

También llamado rechazo cubierto, oculto, usualmente no intencionado. Se manifiesta de maneras más sutiles, que muchas veces no expresan la intención de los padres.

Ejemplos:

1. Sobreprotección, sofocamiento (por lo general, con niños, aunque no es raro que suceda en el matrimonio).
2. Amor condicional: "Te amo si..." o "Te amo cuando...".
3. Muerte prematura de uno o ambos padres (constituye la pérdida de la fuente principal de aceptación).
4. Confinamiento (privado del amor de los padres). En diferentes circunstancias: hospitalizaciones, internados, guarderías.
5. Comparaciones y favoritismos (hacer diferencias).

6. Divorcio de los padres.
7. Suicidio de alguno de los padres (máximo rechazo a sí mismo y a los demás).

Para finalizar este capítulo, quisiera decir que todos los seres humanos necesitamos, de alguna manera, resolver esta percepción de rechazo. De forma funcional o disfuncional, todos los seres humanos ejecutamos conductas que intentan mantenernos a salvo de esta sensación o temor de que en algún momento podemos ser abandonados, o no admirados, o no deseados, o puestos en segundo lugar. Pero son las distintas formas de resolverlo las que genera vidas tan diferentes. Si bien esto forma parte de la vida general, lograr la madurez en nuestro carácter, es incorporar el entendimiento de que somos valiosos por nosotros mismos, por más que otros no lo vean así. Veamos los siguientes capítulos para comprender mejor este punto.

CAPÍTULO 3

Recursos psíquicos para desarrollar una correcta autoconfianza

1. ¿Que son los recursos psíquicos?

Los recursos psíquicos son las diferentes capacidades mentales aprendidas a lo largo de la vida con las que podemos interactuar y lograr objetivos. El esfuerzo, la capacidad de frustración y fracaso, la adaptabilidad, la constancia o la persistencia son recursos utilizados por nuestro aparato psíquico para poder funcionar normalmente y con una operatividad conveniente.

Cuando las personas, por diferentes motivos de vida, no han aprendido a desarrollar ciertas capacidades o no tienen entrenamiento en la práctica de ciertas dinámicas o "conductas mentales", como la paciencia o la tolerancia, en diferentes momentos de la vida, harán crisis que las obligarán, o bien a intentar a avanzar sin cambios, lo que las llevará seguramente a situaciones peores, o bien a sufrir hasta que puedan elaborar la nueva situación y aprender lo que necesitaban.

Me acuerdo, claramente, cuando comencé a estudiar Medicina. Nos habíamos reunidos tres compañeros a estudiar para ver si podíamos aprobar lo que en aquel tiempo era el cursillo de ingreso, una especie de sistema de nivelación que intentaba evaluar a quienes estaban en condiciones de estudiar esa carrera. Nos habíamos "internado" en la casa de la tía de uno de ellos. Jorge era el líder del grupo. No por su capacidad de liderazgo, sino por su capacidad de estudio. Él tenía la tolerancia suficiente para pasar mucho tiempo frente a los libros y era quien nos dirigía en ese desafío decidiendo qué temas eran importantes y qué temas sugería evitar. Otro de los del grupo era Fernando, un joven del norte del país. Él era un poco más extrovertido y a la vez, no tenía mucha capacidad de permanecer quieto estudiando. Siempre nos distraía con chistes y con ocurrencias nuevas. Finalmente, estaba yo, que venía de un colegio regular y público y no tenía grandes expectativas de mí mismo en aquella época.

El tiempo de prepararnos para los exámenes ya estaba en marcha, y el ritmo de estudio era arduo. Recuerdo a Jorge repetirnos que debíamos volver a repasar conceptos una y otra vez, y aún puedo ver la cara de Fernando mirando por la ventana hacia la calle con más ganas de salir que de seguir estudiando. Los primeros exámenes llegaron y, como era de esperarse, cada uno recibió de acuerdo con su esfuerzo. Jorge, con las mejores notas; luego yo, con notas intermedias; pero Fernando no alcanzó las notas necesarias, lo que nos desanimó mucho a los tres, pero, como es obvio, mucho más a Fernando. "Lo mío no es el estudio", se decía una y otra vez mientras intentábamos ponernos en marcha para los segundos exámenes (Fernando aún tenía una oportunidad si le iba bien en estos). Finalmente, un día no asistió a la casa de estudio. Decidió dejar la carrera, según nos dijo luego. No tenía la resistencia de sufrir tanto tiempo estudiando. Nunca supe qué fue de él. Jorge se recibió con una de las mejores notas de mi grupo. Yo tuve que aprender a sufrir. A cada rato miraba la meta, pero mis capacidades cognitivas estaban saturadas. Recuerdo que las posibilidades de tener un título de médico me parecían lejanas. Estudiar y estudiar y seguir estudiando era un ritmo que no había incorporado tiempo atrás y ahora tenía dos opciones: o aprendía con mucho dolor y esfuerzo o abandonaba como Fernando.

El tiempo pasaba y cuanto más esfuerzo hacía, más difícil era seguir. En ese momento, me acordaba de Fernando y me preguntaba por qué no había dejado yo también en aquella época, ahora el tiempo había pasado y abandonar la carrera a esa altura significaba no solo el fracaso, sino una tremenda pérdida de tiempo. Continuar me costó, me dolió, pero finalmente pude lograrlo; llegué a la meta. Más que el título de médico, la carrera de Medicina formateó en mí mucho más que conocimientos de biología humana y fisiología. A lo largo de mi carrera, aprendí el esfuerzo, aprendí la constancia y aprendí a aprender. Había tenido la oportunidad de hacerlo tiempo atrás en el secundario, pero había invertido mi tiempo en otras cuestiones menos esforzadas, esta era mi segunda oportunidad y gracias a Dios, me rodeé de gente que me animó a no desperdiciarla.

Los recursos psíquicos son actitudes mentales, predisposiciones internas para realizar ciertas cosas. Son herramientas que nos permiten hacer mejor algunas tareas.

Imaginemos que estamos en un lago y para comer tenemos que pescar peces. En ese lugar, hay muchas truchas y debemos pescarlas de una determinada manera. Por más que nos den todas las indicaciones del mundo, si no tenemos los elementos para pescar, no tendremos éxito en ese emprendimiento. Vamos a necesitar, como mínimo, caña, riel, las moscas de carnada y los anzuelos adecuados para poder tener una buena pesca. De lo contrario, tendremos que improvisar con palos e hilos. No afirmo que no se pueda pescar con palos e hilos o trampas, pero la verdad es que ese es el camino más difícil. No digo que no se pueda vivir sin recursos psíquicos, pero todo se hará más difícil: la convivencia, el éxito en las metas, etcétera.

Esto es porque para poder llevar una vida en sociedad necesitamos ciertos elementos abstractos que funcionan en nuestras mentes y que son aprendidos a lo largo de la vida. Cuando no se aprenden o se aprenden mal en la infancia, entonces, se aprenderán en la edad adulta. Ya sea como paciente o simplemente buscando ayuda, pero hay que aprender a dominar ciertas actitudes. Solo que de adultos el esfuerzo psíquico es más costoso, porque habrá más cuestiones y más costumbres que modificar.

Cuanto más tiempo pase, más difícil será modificar y aprender nuevos recursos psíquicos. Es como el que pescó toda su vida con un palo afilado y ahora tiene que usar el riel. Ni bien vea que es difícil, lo dejará y seguirá con su palo. Así, mucha gente, cuando comienza a ver lo complicado que puede ser reaprender conductas, decide no cambiar y continuar con su vida como pueda. Es decir, enseñarle a obedecer a un niño de un año es mucho más fácil que enseñarle a un joven de 20 años, porque el berrinche del niño se transformará, con los años, en un golpe al adulto o en el abandono del lugar de aprendizaje ("Me voy de casa").

*Lo que produce el verdadero cambio
en una persona que quiere aprender a
confiar en sí misma es la incorporación
de estos recursos psíquicos.*

Los recursos psíquicos esenciales que necesitan todos los seres humanos para una mejor y más correcta sociabilización se pueden clasificar en recursos emocionales, cognitivos y conductuales.

- **Recursos emocionales**

1. Identificación y designación de los sentimientos: Es la capacidad de pensar lo que sentimos y de hacerlo consciente.

—¿Qué te pasa, Julián? ¿Estás bien?

—No, no estoy bien —contesta Julián.

—¿Qué sentís?

—No sé, qué sé yo, no estoy bien.

Prestar atención a nuestras emociones, nos permitirá resolver conflictos que de lo contrario permanecerán.

2. Expresión de los sentimientos: Es la capacidad de comunicar de manera efectiva nuestros sentimientos a los otros.

—Esta relación no da para más, Alberto —dice ella.

—¿Por qué? ¿Qué pasó? —pregunta Alberto confundido.

—Son muchas cosas, pero lo que más me afecta es que no sé qué sientes por mí.

—Pero… ¡Si tú sabes que te amo!

—No, eso lo supongo, pero ¡nunca me lo expresaste!

3. Evaluación de la intensidad de los sentimientos: Es la capacidad de analizar el lugar de las acciones en función de los sentimientos.

—No tengo más ganas de seguir con este entrenamiento, doctor.
—Entiendo lo de las ganas, yo a veces no tengo ganas de atender —le contesté.
—¿Y qué hago? —me preguntó.
—Continuar, por supuesto. ¡Que tu deseo de satisfacer este desgano no sea tan fuerte como tu deseo de conquistar tu meta!

4. Manejo de los sentimientos y dominio de los impulsos: Es la capacidad de aprender a educar las emociones.

Cuando Isaac se proponía cruzar la calle junto con otros peatones, un auto desprevenido los encaró. Se trataba de una joven inexperta que se asustó. Ella alcanzó a frenar a tiempo y no hubo heridos. Sin embargo, Isaac se encolerizó y comenzó a correr hacia el vehículo, que se había detenido para dejar paso a la gente. A medida que corría, iba recordando la conveniencia de administrar sus impulsos y de gobernar sus emociones.
—No fue algo adrede —dice—. Ella no lo hizo en contra de mí, a propósito, en realidad, está asustada. Se la ve nerviosa y con mucha angustia.
Todos esos pensamientos hicieron que su ira se convirtiera en un simple disgusto. Se acercó al vehículo y solo meneo la cabeza haciéndole saber a la joven su desaprobación por la forma en que ella conducía.

5. Postergación del placer (capacidad de frustrarse): Es la capacidad de elaborar la frustración para alcanzar una meta mayor y de mejor calidad.

El ejemplo de este apartado es la historia de mi propio esfuerzo para terminar la carrera de Medicina que les narré al inicio de este capítulo.

- **Recursos cognitivos**

1. Manejo de los pensamientos, identificación de las demandas y distorsiones cognitivas: Es la capacidad de tomar el control de los pensamientos y no dejarlos librados al azar. Pensar lo que pensamos. Conocer y entender que las emociones se generan por nuestra forma de creer es importante para desarrollar este recurso. Es la capacidad de interpretar mis emociones para poder saber cuál es el sistema de creencias que está gobernando mi mente en ese momento.

El enojo es producto de creer que algo injusto hicieron en contra de mí. Si no logro identificar que estoy enojado, nunca podré corregir mis creencias o perdonar a mis ofensores para poder continuar mi historia.

2. Conversación personal: Es la capacidad de sostener un diálogo interior que refuerce una idea y una conducta. Es la capacidad de tener pensamientos acerca de nuestros pensamientos. Es la capacidad de reforzar ideas en nuestro interior.

La primera vez que tuve que dar una conferencia, estaba muy nervioso. Me sentía realmente desprotegido, ya que no tenía

experiencias previas acerca de cómo manejar esa situación. Lo
único que recuerdo es que me repetía a mí mismo:
—Tú puedes manejar esto, no es algo grave, si algo sale mal, la
gente va a entender.

3. Lectura e interpretación de señales sociales: Es la capacidad
de reconocer las influencias sociales sobre la conducta y la de
verse uno mismo en perspectiva en la comunidad más grande. Es
la capacidad de entender chistes, indirectas, oportunidades, saber
cuándo molestamos, etcétera. A veces, esta incapacidad dificulta
nuestra sociabilización y por ende, nuestras oportunidades. Hoy
la Psicología Social acepta que para lograr metas de vida es más
importante la inteligencia emocional que la inteligencia cognitiva.

En una oportunidad llegó una señora a la consulta. Yo en mi
intención de ser agradable le hice un comentario:
—¡Qué bien que se la ve hoy, Edith!—¿Por qué me dice eso
doctor?, usted no será de esos que quieren levantarse a sus pacientes no? —me contestó.
Me llevó la mitad de la sesión explicarle que era una expresión
de afecto amistoso.

4. Planificación: Es la capacidad de trazar pasos para la solución
de los problemas y la toma de decisiones.

—Ya sé lo que voy a hacer —me dijo el joven que estaba sentado
enfrente de mí.
—¿Qué vas a hacer con esta situación?
—Voy a conseguir trabajo y me voy a ir de mi casa.
—Pero eso lo vienes diciendo hace tres meses. ¿Cómo lo logra-
rás? —le pregunté mientras trataba de inquietarlo.

—Ah, no sé... para eso vengo acá, para que me diga cómo lo hago.

5. Comprensión de la perspectiva de los demás: Es la capacidad de poder ponerse en el lugar de los otros.

—¡¡Lo odio!! —clamó la jovencita— ¡¡¡Me dejó esperando una hora y media!!!

—Pero ¿no te llamó para decirte que había chocado y estaba demorado?

—Sí, pero eso no cambia la situación, por culpa de él llegué tarde a la reunión con mis amigas y me perdí una buena parte de la charla.

—¿Crees que lo hizo a propósito? —le pregunté intentando ponerla en el lugar del otro.

—No lo sé, ni me interesa.

6. Comprensión de las normas de conductas: Es la capacidad de comprender tanto a las conductas funcionales como las no funcionales para vivir en un entorno.

Diálogo con mi hija cuando tenía 4 años.

—¿De quién es esta muñeca, Gianna?

—¡Mía! —me dijo con tono seductor.

—No la recuerdo. ¿No la sacaste de ningún lado?

—La Vale no la usaba, y me la traje.

Pasé un tiempo explicándole el tema de las propiedades personales. Ella comenzaba a entender normas sociales y funcionales. Lamentablemente mucha gente aún de grande, no logra comprender la diferencia entre lo que conviene y lo que no conviene socialmente.

7. Conciencia de uno mismo y del medio donde estamos: Es la capacidad de reconocer nuestro aparato psíquico. También se lo denomina *"insight"*.

En una charla con un paciente internado en una clínica psiquiátrica:

—¿Cuándo me voy, doctor? —me preguntó ansiosamente.

—¿No llegaste ayer? —le contesté.

—Sí. ¿Cuánto tengo que estar? —insistió.

—No se trata de tiempo, sino de estabilización emocional y psíquica —le dije.

—Bueno ¿y qué tengo que hacer para que me dejen ir?

—No es lo que "tienes que hacer", tienes que ser responsable de ti mismo. Si no puedes ver tus problemas, no podrás resolverlos. Eres violento, muy violento, en situaciones de estrés. Si estás más preocupado por tu salida que por mirar cómo resolver tus impulsos, entonces, estarás un largo tiempo aquí.

Hablamos de "paciente" cuando hay alguien que demanda salud. Si no hay demanda de salud, no hay paciente. Para que haya demanda de salud psíquica o física, debe haber capacidad de mirarse a uno mismo y de poder reconocer los errores y las dificultades.

• **Recursos conductuales**

1) No verbales: Es la capacidad de establecer la comunicación a través del contacto visual, de la expresividad facial, del tono de voz, de los gestos, etcétera.

Estábamos en una reunión de amigos conversando plácidamente. De repente, la conversación tomó un giro inesperado. Varios de ellos comenzaron a hablar de una persona que no estaba presente y de un tema del cual yo tenía más información que el resto. Uno de ellos lo sabía, pero yo había tomado el compromiso de mantener en reserva la información recibida. Así que cuando me insinuó que compartiera lo que había conversado, lo miré fijo y él comprendió en mi expresión que tenía que callar. Si nuestra comunicación no hubiera sido visual, hubiera sido difícil detener su pregunta a tiempo. Yo no estaba interesado en que el resto supiera que yo sabía algo más.

2) Verbales: Es la capacidad de hacer pedidos claros, responder eficazmente a la crítica, resistirse a las influencias negativas, escuchar a los demás, participar en grupos positivos de pares, etcétera.

La siguiente charla se dio en un grupo del Programa de entrenamiento emocional, que dirigimos junto con el doctor Pablo Ariztimuño:

—Otra vez consumiste alcohol, Esteban. ¿Qué ocurrió?

—La semana pasada cuando llegaba al barrio, me encontré con los chicos de la cuadra. Uno de ellos me convidó, y yo le dije que no, pero insistieron, así que les dije que estaba tomando medicación y que si mezclaba me iba a hacer mal.

—¿Estás tomando medicación? —le pregunté desorientado.

—No, les dije eso para que no me molestaran más.

—¿Y qué ocurrió?

—Ayer, cuando pasaba, los encontré otra vez y no se me ocurrió ninguna excusa.

—¿Necesitas excusas para no volver a beber? ¿Por qué no les dijiste que no te ofrezcan más? Aprender a decir no mirando a los ojos demuestra determinación.

2. Recursos psíquicos para la autoconfianza

La mayoría de estas dinámicas o actitudes mentales fueron desarrolladas con amplitud en mi libro anterior. Aquí solo me concentraré en los recursos necesarios para desarrollar o mejorar la autoconfianza.

En relación con estos recursos más generales, recordemos que se adquieren en la experiencia de vivir, aunque primero es necesario teorizar para saber qué es lo que buscamos aprender. No es ni más ni menos que la práctica y la experiencia de vida lo que nos permitirá desarrollarlos correctamente.

—Yo he escuchado todos sus audios y he leído sus libros, sin embargo, aún no he logrado ver cambios en mí —me dijo una señora, a la que noté un tanto decepcionada luego de una charla que di sobre la educación emocional.

—¿Cuánto hace que está educando sus emociones e intenta desarrollar una correcta autoconfianza? —le pregunté.

—Pues... como tres meses ya.

—Pues... no ha tenido la suficiente cantidad de experiencias de vida como para desarticular los años vividos. Deberá practicar lo que escucha y leer por un buen tiempo, como todo lo que aprendemos, para lograr los resultados esperados.

En el caso específico de la autoconfianza, debemos entender que es un recurso psíquico en sí mismo que se sostiene por el desarrollo de otras capacidades o actitudes mentales, que son las siguientes:

a. La capacidad de ser conscientes de nosotros en relación con el medio

b. La capacidad de amarnos
c. La capacidad de amar
d. La capacidad de motivarnos
e. La capacidad de tener un propósito
f. La capacidad de sufrir
g. La capacidad de aprender
h. La capacidad de confiar
i. La capacidad de ser confiables

A) *La capacidad de ser conscientes de nosotros en relación con el medio*

La conciencia es una capacidad psíquica muy específica. Es la que nos da el entendimiento del entorno y de nosotros mismos. La conciencia es la capacidad que nos permite no solo recordar cosas y prestarle atención al medio, sino también nos permite identificar el aspecto interno y, de alguna manera, nos hace saber o entender dónde estamos paradas y qué es lo que nos conviene hacer.

Veamos las diferentes formas en las que debemos desarrollar este recurso psíquico:

a) *Debemos aprender a reconocer nuestro entorno y sus problemas.* Muchas personas con trastornos depresivos no logran focalizar el ambiente donde se encuentran. Madres excelentes, que durante toda la vida se dedicaron a sus hijos, de repente, producto de estados psíquicos como ese, pierden el interés y el afecto hacia todo. También, suele ocurrir en personas psicotizadas o con neurosis severas, a quienes ciertas obsesiones las lleva a no tomar conciencia de su entorno. La capacidad de reconocer nuestro entorno nos da la posibilidad de no aislarnos del resto de las personas y nos hace responsables con ellos. Para tener un correcto desarrollo de este recurso, es importante, por un lado, saber separar el entorno de los problemas personales y, por el otro, saber separar nuestra personalización de los problemas del entorno.

Adriana y Verónica eran dos amigas que trabajan juntas en el sector administrativo de una fábrica de zapatos. Las ventas se habían resentido debido a la situación del país. Hacía un tiempo que Adriana se mostraba ansiosa y muy angustiada. Verónica lo notaba, pero no le había dicho nada, porque respetaba su silencio. Un día tuvieron la siguiente conversación:

—Creo que voy a renunciar —le dice Adriana a Verónica.

—¿Conseguiste otra cosa? —pregunta Verónica.

—No, pero acá la cosa está fea.

—¿Y qué vas a hacer? ¿Te vas a quedar sin trabajo?

—¿Pero no ves que no se vende nada? ¡¡Tenemos muy poco trabajo!!

Si bien era cierto, y la realidad mostraba que no había buenas ventas, Adriana no lograba ver que el problema no era ella. No iba a cambiar nada si ella se iba. La empresa no vendería más con su partida. Ella convirtió un problema de la sociedad en un asunto privado y lo llevó a su propia historia. Además, personalizó la responsabilidad y convirtió el problema de la fábrica en un problema de ella.

La obsesión de la situación la llevó a perder capacidad de resolución y a tomar la decisión de sacrificarse de forma inútil. Debemos diferenciar cuando el problema está fuera o dentro de nosotros.

Otra situación la viví en una clase de posgrado. Recuerdo a un profesor un tanto alterado por la profesión:

—¡Ustedes son unos ineptos! —dijo un día enojado—, no saben distinguir una psicosis de una neurosis y ¡¡¡pretenden ser psiquiatras!!!

Luego de darnos un largo sermón, porque no supimos responder ciertas preguntas que había hecho, tomó su portafolio y se fue de la clase.

Yo miré hacia un lado y hacia el otro y vi a una compañera llorando.

—¿Qué te pasa? —le pregunté.

—¿No oíste? ¡¡Eso fue humillante!! ¡Él no tiene derecho a tratarnos así!

—Sí… es cierto, pero está cansado… no lo tomes en forma personal, fue a todos y a nadie, debe haber tenido un mal día. No te hagas cargo de su día.

—Para ti es fácil, pero no lo es para mí —y se fue llorando.

¿Por qué simplemente no lo tomó como un profesor que estaba un tanto airado? Ella lo interpretó como algo personal y, además, que el problema estaba con nosotros, y si bien era cierto el descontento del profesor por no saber responder sus preguntas, no era cierto que éramos unos ineptos. De hecho, a la semana siguiente se disculpó por sus exabruptos.

b) *Debemos reconocer nuestros problemas con el entorno.* Es muy diferente que haya problemas en nuestro entorno, como el caso de mi profesor o el caso de la fábrica donde estaba Adriana, a que el problema lo tengamos nosotros con el entorno. Cuando el problema lo tenemos nosotros con el entorno, existen cuatro opciones para resolverlo: 1) cambiamos nosotros, 2) modificamos el entorno, 3) cambiamos el entorno y nosotros, 4) nos retiramos de ese entorno.

Cualquiera sea el enfoque de nuestra solución, deberemos definir muy bien nuestro problema. La capacidad de definir si el problema es nuestro o no nos permitirá realizar diferentes soluciones.

David, un joven de 26 años, tiene dificultades para relacionarse con su padre, porque este es alcohólico y no quiere cambiar. Su madre y sus hermanos se adaptaron a esa vida disfuncional, pero David no está dispuesto a convivir con eso. El problema está fuera de él, no tiene nada para hacer dentro de él y no puede obligar al medio a ser como él quiere, por más razón que crea tener. Por lo tanto, tendrá que diferenciar bien quién tiene el problema y decidir qué hacer. Puede quedarse y sufrir. Puede intentar cambiar a su padre, con todo lo que eso significa. Puede permanecer y adaptarse mientras intenta cambiar a su padre. O puede irse de ese medio y tratar de intervenir desde afuera.

c) *Debemos reconocer los problemas del entorno con nosotros.* Saber cuándo ofendemos, cuándo estorbamos, cuándo molestamos, cuándo dañamos el medio es un recurso y una capacidad muy útil para desarrollar una buena convivencia social. A todos nos gusta estar con gente que sabe reconocerse entre otros. De la misma forma, a los otros les gustará estar con nosotros en la medida en que sepamos reconocernos en medio de ellos.

Es difícil tratar con las personas invasivas. Por ejemplo, me vienen a la memoria esas madres que no saben cuándo termina su vida y la continúan con la vida de sus hijos; con esos padres que quieren realizarse en la vida de sus hijos; o esas novias o novios que convirtieron la vida del otro en una extensión de la propia.

Es difícil convivir con los violentos de gestos. A veces, le damos rienda suelta a nuestras emociones sin que nos importe lo que los otros sienten. Entonces, si estamos cansados, les hacemos saber nuestro estado; si estamos enojados, les dejamos claro nuestro estado; si nos sentimos inquietos, lo mismo. Poco a poco, las personas empiezan a pensar detenidamente si quieren o no estar con nosotros.

Saber reconocer las dificultades que podemos acarrear con nuestras decisiones nos da la libertad de anticiparnos a rechazos seguros. Pero también, dentro de esta capacidad, *debemos aprender a separar los problemas concretos de los preferenciales de terceros.* Es decir, no porque al otro le moleste algo mío debo cambiarlo ante la primera demanda. Debo evaluar si es realmente un asunto concreto que dificulta la funcionalidad de la relación o el ambiente o si se trata de un gusto del otro.

Agustina tiene 24 años, vive con su madre. El padre las abandonó cuando ella tenía 3 años. Hace un tiempo viene a verme porque tiene problemas de relación con su mamá.

—Ella se mete en todo, doctor —me dijo angustiada.

—¿Cómo se puede meter en todo? A lo sumo, opinará sobre todo.

—Es que peleamos mucho, porque quiere que haga cosas en las que yo no estoy dispuesta a ceder.

—¿Por ejemplo?

—A ella no le gusta el trabajo que tengo, porque se queda sola mucho tiempo.

—¿Qué más? —pregunté.

—Discutimos porque quiere que yo ayude en la limpieza de la casa.

—¿Y qué haces frente a estas demandas?

—No lo sé, discutimos, por eso vengo… ¿Usted qué dice?

—Hay demandas que son gustos de los demás. Pueden

exigir gustos, pero los derechos definen las acciones. Es el caso de tu trabajo. Tú tienes derecho a elegir en qué quieres trabajar y si a tu madre no le gusta estar sola, puede buscar amigas o hacer terapia para sobrellevar esa angustia. Por otro lado, están sus derechos, que tú estás rompiendo al obligarla a limpiar tus cosas. Se trata de derechos y gustos. Tú debes cuidar sus derechos, a eso se le llama respeto, pero también, tienes derecho a cuidar los tuyos.

d) *Debemos reconocer nuestros errores para con nosotros mismos.*

La mayor capacidad de crecimiento la da el saber reconocer los propios errores. Esto es porque nos da la potencia de crecer continuamente, ya que somos los que podemos ejecutar el cambio. Mirar los errores de otros, solo nos limita a eso, mirar. Pero ver nuestros errores, nos deja la potencia de cambiar.

Corregir nuestros defectos es lo que impide que lleguemos a un techo. El día que dejemos de mirar nuestros defectos o errores, habremos dejado de crecer. Estaremos en nuestro techo.

Pero un tema importante es que no debemos calificarnos de acuerdo a nuestros errores, ya que no somos lo que hacemos, hacemos lo que creemos que somos.

> *Aprender a mirarnos como realmente*
> *somos y no lo que hacemos.*

Este es un punto de discusión con muchos colegas. Si alguien me trajera una tiza y la utilizara como proyectil arrojándola por el aire para pegarle a otra persona, esa persona podría decirme que en ese momento la tiza es un proyectil. Sin embargo, yo pienso que la tiza funcionó como un proyectil en esa ocasión, pero que no fue creada para eso; en sí misma, tiene la potencia de dibujar y crear.

¡Con los seres humanos es igual! El hecho de que las circunstancias de la vida hayan hecho que fracasemos o actuemos de determinada manera no significa que en nuestra esencia, es decir, en lo que Dios hizo de nosotros, ya no haya valor.

B) La capacidad de amarnos

Desarrollar una correcta autoestima es fundamental para tener una correcta autoconfianza. Este es el mismo tema tratado en el capítulo 1. Debo enfatizar, nuevamente, que autoconfianza y autoestima son dos conceptos separados.

C) La capacidad de amar

Amar es una capacidad de todos los seres humanos, sin embargo, no todos han aprendido. Es lo mismo que si alguien me preguntara si pensar es una capacidad de todos. Pues sí, el tema es que algunos fueron más estimulados que otros. Con el amor es igual. El amor es un misterio. No pretendo abarcar la plenitud de este tema, no sería acertado creer que podría hacerlo. He aprendido que el amor es un misterio. El amor es emoción, afecto, pero también es acción, es dar. El amor es una persona, Dios, pero el amor también es una sustancia, la unión espiritual por medio del sexo.

El amor fue muy comercializado. Fue llevado preso por Hollywood y allí fue obligado a mostrar cosas que confundieron a la humanidad, como que era una especie de sustancia mágica que si te tocaba lo tenías, pero si se te iba, estabas avalado para abandonar a los que habías prometido amor eterno. Amar no es fortuito. No creo en eso. A eso, lo llamo deslumbramiento, impresión. El amor tiene otro diseño. Viene de lo alto.

Aprender a amar es posible. No se trata de algo que si no lo tienes, no lo puedes alcanzar. Amar es una elección. Es una carga emocional sobre la que se depositan acciones, y cuando no está la carga emocional, puedes depositar acciones hasta que se desprenda la carga emocional. Y si no sabes qué acciones realizar ni tienes la carga emocional, entonces, puedes pensar lo bueno del otro o pasar tiempo con él para aprender a conocerlo. De esa forma, la gente aprende amar.

En una oportunidad, dialogué con un hombre que se había enamorado de una de sus compañeras de trabajo, pero ella era casada y él no sabía qué hacer con lo que sentía.

—Me enamoré, no lo pude evitar —me confesó muy angustiado.

—¿Quién te hizo creer eso? —pregunté en forma desafiante.

—Nadie, pero es obvio que uno no decide de quién se enamora.

—Así dicho es muy fácil y casi irresponsable. Ese es el discurso que nos gustaría escuchar para darle rienda suelta a nuestros pensamientos —respondí.

—Pues ¿cómo se supone que uno se enamora entonces?

—Las emociones se generan por el sistema de creencias. Los pensamientos generan en nosotros realidades internas. Si uno pasa mucho tiempo en esas fantasías, termina enamorándose de esas ideas, pero es uno el que las crea. Otra forma es teniendo experiencias con otras personas, y creando pensamientos acerca del otro. Pero cualquiera de esas formas implica responsabilidad. Usted sabía que ella era casada, pero aun así, invirtió tiempo pensando en ella. Aun así, la pensó en todas sus formas. Aun así, la hizo parte de su realidad subjetiva. Hoy el resultado es que está impregnado emocionalmente de afecto hacia ella.

—¿Qué hago? —me preguntó desconcertado por mi frialdad ante el amor.

—Tomar distancia y crear otra historia interna. Piense en otro futuro. Concéntrese en otra persona. Dolerá, costará, pero será responsable y beneficioso para usted y para la familia de esta otra persona.

Cuando hablo acerca de las emociones, muchas personas se sienten ofendidas, porque pongo en tela de juicio conceptos románticos, como que si me enamoré, eso ya es honorable. Sin embargo, darle rienda suelta a las emociones poniendo en juego la estabilidad de familias con niños es algo que es deshonroso, mucho más que decidir renunciar a los deseos personales.

El control está en los pensamientos. Decidir a quién amar y de qué forma hacerlo es una acción responsable, lo que significa que es voluntaria y no tan solo aleatoria. Lo que es aleatorio son las situaciones, lo que yo hago con las situaciones ya no es aleatorio. Sin embargo, muchas personas tienen dificultad para brindar afecto sobre otros. Ya sea un afecto de pareja o de amistad. Lo que sea, muchas personas tienen dificultad para desarrollar este recurso. Amar es una característica que tiene la gente sana. Quien sabe amar al prójimo como a sí mismo, vive con una cordura y una estabilidad emocional ideales.

• Las conveniencias de amar

a) Nos posiciona ante los demás. Somos personas en quienes se quiere pensar. Todos deseamos ser amados. Todos deseamos ser aceptados. El amor implica aceptación. De la misma forma en la que nosotros miramos con buenos ojos a aquellos que nos aman, así las personas a las que tratamos bien, nos mirarán con buenos ojos.

Estaba en una panadería esperando para comprar. La dueña del local salió a atender:

—¡Hola, Flavia! ¿Qué haces atendiendo? —le preguntó una clienta que estaba delante de mí.

—Me quedé sin empleada, la chica se fue a estudiar a otra ciudad, necesito una ayudante.

—Yo conozco a una chica muy buena, es muy amable y trata muy bien a las personas, si quieres le digo que te vea.

—¡Por supuesto!, que venga hoy después de las 18.

Es "muy amable"… me quedé pensando… Esa chica es una persona muy amable, que ama. Por eso, con seguridad, conseguirá trabajo más fácilmente que otras que no supieron demostrar eso.

b) Disminuye la tendencia del rechazo abierto por parte de terceros. Cuando sabemos demostrar afecto, difícilmente las personas nos rechazarán, a menos que estén sufriendo serias afecciones psicológicas y, por ello, debemos intentar con más fuerza demostrar ese afecto.

- **Las dinámicas para desarrollar este recurso**

1) La práctica con hechos

No se trata solo de decir, es necesario que nuestras palabras tengan el peso de nuestros hechos, al momento de querer trasmitir el mensaje de amor a alguien. De nada le sirve a las personas las palabras sin el compromiso de las acciones.

Eduardo se levantó de la mesa con seguridad y decisión.

—Yo lavo, mamá, estuviste mucho tiempo de pie cocinando, déjame ayudarte.

A la madre se le llenaron los ojos de lágrimas, era la primera demostración de afecto, más allá de las palabras, que su hijo le hacía en mucho tiempo.

2) La práctica con dichos

No basta solo con dar a entender el afecto, es necesario que seamos directos y explícitos.

—¿Por qué se han peleado esta vez, Fernanda? —le pregunté a mi paciente.

—No sé, no lo entiendo, él me reclama que nunca le digo nada lindo —me contestó.

—¿Como qué?

—¡Qué sé yo!, como que lo amo…

—¿Nunca le dices que lo amas?

—Él sabe que lo amo, se lo demuestro de muchas formas —dijo, casi justificándose.

—Pero no se lo dices… ¿Te gusta que te digan que te aman?

—No lo sé, mis padres nunca me lo dijeron.

3) La práctica con tiempo

Es una ley, le dedicamos más tiempo en nuestras mentes a aquello que más amamos. Invertir tiempo en el otro es una manifestación clara de amor.

Un padre me preguntaba cómo podía hacerle saber a su hijo que lo amaba.

—Pase tiempo con él —le dije.

—Pero él me resiste, no quiere estar conmigo.

—Insista, insista todo lo que haga falta. Es su hijo, vale la pena sufrir su rechazo hasta lograr el vínculo. No se canse de invertir tiempo en quienes ama. Ese tiempo será el mejor invertido.

4) La práctica con actitudes y expresiones

No basta solo con hechos, palabras y tiempo, es necesario que dentro de nosotros desarrollemos un discurso de amor hacia el otro.

Cuando intento ayudar a las parejas, les pido que me digan en el momento 10 aspectos buenos del otro. A la mayoría, se le hace muy difícil llegar al número 4 o 5, pero lo más interesante es que si les pido que me digan 10 cuestiones en las que no están de acuerdo con sus parejas, me las dicen en el acto. ¿Por qué? Porque invierten mucho tiempo pensando lo malo. Cuando alguien comienza a pensar lo bueno del otro, por más desacuerdos que tenga, ya habrá ganado la batalla, solo es cuestión de tiempo.

D) La capacidad de motivarnos

La motivación es el motor del cambio. Es tremendamente difícil sostener una acción en el tiempo sin motivación y, como es obvio, los cambios duraderos son los que pueden sostenerse en el tiempo.

Cuando Ingrid llegó al grupo, solo miraba con recelo; no estaba interesada en participar y muchos menos en exponer su situación ante los otros.

—¿Por qué no nos cuentas tu historia? —le preguntó una de las integrantes del grupo con intención de desafiarla.

—No me interesa, de hecho ni me interesa estar acá, solo voy a venir un par de veces como para calmar las cosas en mi casa, así que hagan de cuenta de que no estoy —dijo con indiferencia y cambió la mirada hacia otro lado.

—¿Qué te pasa? ¿No quieres cambiar? —le consultó una de las integrantes del grupo.

—No, ¿por qué tendría que cambiar? ¡Estoy bien así! —soltó una carcajada casi sarcástica.

—¿Y no te interesa estar mejor? —le inquirió otro.

—No.

—¿Tienes idea de qué significa estar mejor, Ingrid? —le pregunté.

—Claro, qué sé yo... sentirse bien... no sé...

—¿Cómo te imaginas una vida mejor? —dije y tomé el control de la dinámica.

—¡Qué sé yo!, no pienso en eso... no pienso en tonterías.

—¿Es una tontería tener aspiraciones? —le consulté.

—Oiga, doctor, ¿usted se está burlando? ¿Qué tipo de vida mejor puede tener alguien como yo? ¿Cree que soy de esas historias felices que cuentan en las películas? Pues no... solo soy otra prostituta de ese maldito barrio en el cual vivo... —contestó enfurecida y gritando.

Llevó tiempo enseñarle a Ingrid a pensar en las cosas buenas que ella podía alcanzar. El principal problema de ella fue que nunca le mostraron más opciones. Cuando comenzó a conocer más posibilidades, ella quiso cambiar.

La historia de Ingrid es un ejemplo de cómo el cambio es un fenómeno empujado por la motivación. ¿Qué hizo que Ingrid cambiara de una postura de una joven pasiva a una integrante activa del grupo? ¿Qué motiva a un trabajador a llegar justo a tiempo a su trabajo y a no irse hasta que se cumpla el último minuto de su horario? ¿Qué hace a una madre levantarse a la madrugada para atender a su pequeño que está llorando? ¿Qué hace que una persona sostenga la asistencia a un grupo para lograr mejoras en su vida? La respuesta a todas las preguntas es la misma: la *motivación*.

La motivación se construye gracias a todas las situaciones que estimulan, sostienen y dirigen la conducta hacia un objetivo. Motivación significa "que mueve o que tiene influencia para movilizar". La motivación es muy importante para desarrollar una buena autoconfianza, ya que sin ella no podremos ver las ventajas de poseerla.

Desarrollar una correcta autoconfianza conlleva esfuerzo, porque hay que romper dinámicas de pensamientos que se instalaron durante años y que guiaron nuestras vidas. Así que este esfuerzo mental si no tiene una buena motivación delante, no se sostendrá en el tiempo. Generar un cambio sin motivación es muy difícil, es como querer levantar pesas sin fuerzas. La motivación es lo que alimenta a la voluntad. Le da el nutriente necesario para que se active la decisión de hacer algo. No hay suficiente eficacia cuando se intenta cambiar los esquemas mentales sin motivación.

La motivación a hacer cosas puede generarse por querer alcanzar algo o por querer evitar que ocurra algo malo. Cuando queremos alcanzar alguna meta, la llamamos "motivación persuasiva". Cuando queremos evitar cosas malas, la llamamos "motivación intimidante". La motivación persuasiva no emplea la agresión o la visualización del peligro, la motivación intimidante sí.

Una madre lleva a un niño por un supermercado dentro de un carrito de compras. De pronto, el niño se pone de pie, la madre le ordena que se siente. El niño no obedece, y la madre le ordena sentarse, ya que de lo contrario le dará una paliza. Inmediatamente, el niño se sienta y por dentro piensa:

—Por fuera estaré sentado, pero por dentro estoy de pie.

Cuando estamos sentados por fuera mientras que por dentro estamos de pie, no hemos logrado generar un cambio real de actitud, solo hemos generado una conducta. Los cambios se logran cuando en nuestro interior, adoptamos la misma actitud que para el exterior.

E) La capacidad de tener un propósito

El propósito define nuestro sentido. Albert Ellis sostenía que las personas que viven con un propósito están mucho más capacitadas que el resto para sobrevivir a los embates de la vida cotidiana. El propósito le quita el aburrimiento a la vida. El aburrimiento es un mal social donde miles de personas caen por ignorancia.

Diego llegó al consultorio. Entró serio, a diferencia de cómo solía hacerlo. Por lo general, era un hombre que hacía chistes. Creo que hasta ese día no sabía bien qué quería de ese espacio.

—¿De qué se trata vivir, doctor? —me preguntó.

Yo solo hice silencio y lo indagué con la mirada. Es ese tipo de preguntas para las que no se espera una respuesta, es una plataforma para seguir hablando.

—Dígame qué piensa, Diego —le dije con firmeza.

—No lo sé. Me levanto todos los días a la mañana para trabajar. Vuelvo a mi casa a las 19, luego de diez horas de trabajo. Cuando llego, estoy solo, porque perdí a mi esposa y a mis hijos por el juego y las mujeres, así que miro un rato la tele, me ducho, ceno y me acuesto. Algún día salgo. Quizá, espero el fin de semana para pasarla bien, como un respiro antes del lunes, donde todo empieza de nuevo. En medio de esa avalancha de compromisos, pienso en las vacaciones de fin de año. Cuando llegan, solo duran unos cuantos días y otra vez comienza la historia… ¿Para qué? Hoy tengo 55 años. ¿De esto se trata? ¿Para qué viví y vivo? —su pregunta resonó en la habitación.

—¿Está aburrido?

—Muy aburrido, doctor. Por eso, siempre ando buscando con qué divertirme o qué experiencias de vida nuevas puedo tener.

—Entiendo. No tiene propósito para vivir —le dije.

—Sí, no tengo en claro por qué vivir. ¿Usted lo tiene?

—Sí.

El propósito determina. Da sentido al dolor, al esfuerzo. Da un "para qué". No obstante, determinar el propósito de la vida es un tema tan filosófico y complicado que para poder hacerlo, no alcanzan unas líneas. Solo diré que quien no tenga sentido, estará viviendo en vano, por lo tanto, lo que haga para divertirse tendrá coherencia con su creencia, ya que todo se tratará de nada. Pero si la vida tiene propósito, debemos tomarnos el tiempo para definirlo. Solamente debemos ser coherentes. Si tiene propósito y lo conozco, viviré por ese propósito. Si tiene propósito y no lo conozco, lo buscaré. Si creo que no tiene ningún propósito vivir, entonces, cualquier cosa que haga ya es algo. Y si estoy en la duda de si tiene o no tiene propósito, entonces, elijo una opción y vivo de acuerdo con lo que decida.

La elección de los propósitos es muy importante. Cuando las metas o propósitos son a corto plazo, el ritmo de aburrimiento será más rápido.

En una oportunidad, dialogaba con un adolescente de 14 años que estaba totalmente desganado.

—¿Qué te gusta hacer, Rodrigo?

—Me gusta ir al baile.

—Sí, pero en qué piensas cuando quieres hacer algo preguntó.

—Solo pienso en ir el fin de semana al baile.

—¿Ese es todo tu proyecto? ¿No quieres estudiar? ¿No quieres tener un trabajo?

—Ya lo tengo, así que no me interesa —respondió agresivamente.

—¿Crees que puedes sostener una familia con un trabajo de cadete? —traté de profundizar.

—Me alcanza para ir al baile. No tengo ganas de hacer nada más.

Cuando las metas son a corto plazo, se vencerán rápido y habrá que volver a desarrollar otra meta.

También, hay metas intermedias que parecen muy buenas opciones, sin embargo, hacen daño cuando las personas no tienen la capacidad psíquica de adaptación.

Es el caso de una madre que me dijo llorando:

—Toda mi vida viví por mis hijos. El más pequeño se ha casado hace un mes, y no sé qué hacer, estoy entrando en una depresión.

Esa mujer había puesto a sus hijos como plataforma de vida durante muchísimos años. Pensar en ella sin sus hijos era una locura. Algo que no estaba en su capacidad de pensar. Esto suele pasar con gente que pasa muchos años en un trabajo, un noviazgo, una carrera, etcétera.

Recuerdo a un joven de unos 27 años que se había deprimido luego de recibirse de contador. Él no sabía qué le había ocurrido, pero ni siquiera estaba interesado en la carrera. Su propósito de vida había sido obtener el título. Nunca había visto la carrera como un medio sino como un fin.

El problema de las personas es que perciben ciertas metas como destino final, cuando, en realidad, son medios. Gente que vive por el dinero, sin darse cuenta de que es el medio para vivir mejor. Las personas pueden elegir el propósito que quieran, pero mi sugerencia es que cuando definan un propósito, traten de que trascienda su propia vida. Encuentra algo que pueda ir más allá de ti mismo. Algo por lo que valga la pena morir, de esa forma, la muerte no será un problema si llegara a aparecer, ya que lo que buscas trasciende tu propia vida.

Personalmente, trato de dejar el conocimiento como herencia. Creo que mi existencia no es una situación fortuita de un creador abandónico. Disfruto de mi relación con Dios y vivo su existencia como una persona con la cual me interrelaciono. Si bien para muchos mi forma de pensar es debatible, es la que me ha dado estabilidad y sentido. Los grandes emperadores y conquistadores de la historia han cruzado intensos dolores y dificultades, porque creían y estaban convencidos de que había cosas que debían dejar listas antes de irse de este plano. El propósito permite a las personas atravesar las dificultades con una motivación diferente.

Hace unos días me pidieron que me acercara a un campamento de jóvenes para compartir algunas palabras con ellos. El lugar donde me habían pedido que fuera era de difícil acceso, de hecho, no pude llegar por mi propia cuenta. Me perdí en el camino. Luego de dar muchas vueltas, en más de una oportunidad, me vi tentado de volver a mi casa y de dejar el asunto como irresuelto, pero algo me lo impedía: había asumido un compromiso y no había otro orador en el evento. Yo tenía un propósito que me hizo atravesar la dificultad con una motivación diferente a la de irme del lugar. En todos los aspectos de la vida es así. En la medida en que tengamos algo porqué vivir y hacer, entonces, podremos atravesar cualquier tipo de adversidad.

Entiendo que "solo existen dos opciones para la discusión sobre el origen del ser humano, o bien fue creado, o bien es producto del azar". En cualquiera de las dos opciones, se vive mejor con un propósito definido. Si fue creado, nada mejor que dialogar con su creador. Si es producto del azar, lo mismo necesitará algo en qué concentrarse; de lo contrario, el siguiente síntoma es el aburrimiento. Busca el propósito de tu vida. Nadie vivirá tu vida por ti. Aprovéchala.

F) La capacidad de sufrir

Este recurso psíquico, también llamado "tolerancia a la frustración", es un recurso básico para la estructura psíquica del ser humano. Este tema constituye la esencia de libros y posgrados completos, así que desarrollaré los puntos que considero más relevantes, de lo contrario, se haría muy extensa la exposición. La mayoría del enfoque de este recurso está basado en la capacidad de esforzarse.

G) *La capacidad de aprender*

La capacidad de aprender cosas nuevas es un proceso muy complejo. No solo porque intervienen muchas funciones del aparato nervioso central, sino porque aún no se termina de comprender la fisiología completa de esta capacidad sorprendente del ser humano. Sin embargo, más allá de intentar desarrollar un seminario sobre Neurofisiología, diré que todos los seres humanos, sin importar su capacidad cognitiva, tienen la potencia de aprender cosas nuevas todo el tiempo. Esta capacidad puede ser dejada en su mínima expresión o ser desarrollada ampliamente.

Todos aprenderán cosas. Algunos se concentrarán en conocimientos conductuales, como deportes, conducción de autos, destrezas manuales para realizar tareas artesanales, etcétera. Otros, en conocimientos teóricos, estarán continuamente leyendo o investigando acerca de materias o temas muy puntuales, como medicina, ingeniería, y dentro de estos temas tan extensos, otros más específicos. Unos terceros pueden aprender a desarrollar relaciones interpersonales, a ser sociables y ver cómo insertan sus vidas en medio de la de otros.

Todos pueden aprender. Y lo harán de distintas formas:

- Aprender de memoria o repitiendo: Es una forma de almacenar datos de forma rápida. Solo apela a la memoria visual o auditiva, no hay desarrollo profundo de comprensión. En realidad, no se trata de un aprendizaje, sino más bien de un proceso que está dentro del aprendizaje.
- Aprender por azar: Es cuando descubrimos información que podemos aplicar a nuestras vidas, pero sin haber tenido la información de buscarla. Es el caso, por ejemplo, del descubrimiento de la penicilina, que hizo Fleming en 1929. Luego de un viaje, volvió a su casa y en unas placas

de vidrio en las que estaba trabajando con una bacteria llamada *staphylococus aureus*, observó que su crecimiento se había inhibido por una sustancia que liberaba el hongo llamado *penicillium*. Esto daría lugar a la era de los antibióticos. Este descubrimiento fue por azar, pero permitió un conocimiento muy profundo de esta forma de medicina.

- Aprender por asociación cognitiva: Es la dinámica donde relacionamos los nuevos conocimientos con los que ya tenemos. Esto nos permite dar sentido a lo que sabemos. Es la forma de enseñanza más tradicional en las escuelas.

Según el enfoque psicopedagógico, el aprendizaje puede ser por reforzamiento o por observación. El aprendizaje *por reforzamiento* sostiene un nuevo concepto gracias a los estímulos positivos o la evitación de estímulos negativos. Ejemplo de estímulo positivo: *Hijo, si arreglas tu cuarto, te dejo salir con tus amigos.* Ejemplo de evitación de estímulo negativo: *Si no comes toda la comida, no hay postre.* Este tipo de aprendizaje es lo que la Psicología conoce como estímulo-respuesta, y es muy usado en terapias de enfoque conductual. El aprendizaje *por observación*, descripto muy bien por Albert Bandura, es también llamado "aprendizaje vicario" o "aprendizaje por imitación". Este es el modelo que se usa socialmente y es el tipo de aprendizaje que más influye en nuestros jóvenes hoy.

Aprender implica una serie de procesos complejos que van desde la capacidad de esperar hasta tener cierto gobierno en el área de las emociones. Aprender es una virtud. Sin embargo, más importante que tener estas capacidades, es aprender a aprender, es "ser enseñable". No hay nada peor para aprender algo nuevo que estar convencidos de que ya conocemos esa información. Eso nos resta esfuerzo, atención y paciencia. Aprender a aprender es la capacidad de ser personas dispuestas a seguir creciendo en el desarrollo personal y observar cuáles son los obstáculos que la propia personalidad ofrece al avance del desarrollo psíquico y social. Ser personas enseñables con deseos de aprender es uno de los más grandes recursos psíquicos que podemos tener para desarrollar una correcta autoconfianza.

H) La capacidad de confiar

La confianza es una acción en sí misma. No me refiero a una actitud que implica seguridad, sino a una actitud de esperanza asociada a la acción que la antecede. Es decir, llamo confianza a "la capacidad de realizar acciones a favor de algo que esperamos". No es lo mismo que tener solo esperanza, ya que si bien es una actitud interna positiva, la confianza implica realizar acciones en directa relación con nuestra esperanza. Esto involucra un grado más elevado que la esperanza y que la fe misma, porque implica acción. La Biblia, en el Libro de Santiago, dice que es en vano tener fe si no se realizan obras que respalden esa fe.

Un pastor amigo me contó la siguiente historia:

A un viejo pueblo, donde recién se comenzaban a construir edificios, llegó un hombre de circo. Esos que hacen de todo para llamar la atención y que brindan entretenimiento a las personas. Este hombre ató la punta de una cuerda en uno de los lados de uno de los edificios y la otra punta, en el edificio de enfrente. Llamó la atención de todo el pueblo y la gente acudió a ver el espectáculo.

El hombre, vestido de equilibrista, hizo una pregunta:

—¿Cuántos en este lugar creen que puedo atravesar esta soga caminando sobre ella?

Algunos levantaron las manos, otros solo miraban.

Entonces, el osado hombre se lanzó al vacío sosteniéndose por esa delgada soga. Cruzó la calle por el aire y llegó al otro lado con éxito. La muchedumbre gritaba enardecida. Cuando terminó de cruzar, miró al público y preguntó:

—¿Cuántos creen que puedo cruzar esta soga con los ojos vendados?

El público comenzó a gritar eufórico demostrando su creencia en el equilibrista. Entonces, el osado hombre se volvió a lanzar al vacío, pero esta vez con los ojos vendados. Al llegar al otro lado, volvió a preguntar:

—¿Cuántos creen que puedo hacer esto con una carretilla con una bolsa de cemento dentro?

El público ya creía en sus habilidades, así que le respondía que sí y el equilibrista, una vez más, cumplió su desafío.

Cuando terminó de cruzar, volvió a dirigirse a la multitud y preguntó:

—¿Cuántos creen que puedo cruzar con una persona dentro de la carretilla?

Todos gritaron que sí, que lo creían, entonces el equilibrista dijo:

—Necesito un voluntario.

Pero nadie se ofreció.

La confianza implica la acción que sigue a la esperanza o la fe. Es lo que da el sello de certeza, lo que determina la veracidad. Confiar implica correr riesgos, es enfrentarse a los miedos, es ir más allá de las palabras. Es entrar en el ámbito de los hechos. Muchos creen, pocos confían. Aprender a confiar implica solo ser valientes. A su vez, la valentía es un recurso que puede ser adquirido cuando se le pierde el miedo a la misma muerte o al fracaso. Temerle al fracaso es el núcleo del fracaso.

La gente no confía para no perder tiempo, para no perder esperanza, para no perder ilusiones. Pero quien no aprenda a confiar, estará encerrado en cárceles de temores. No podrá avanzar, se quedará en lo seguro. No importa cuán pequeño sea el lugar donde esté, no quiere exponerlo, esa persona teme perder respeto, teme perder tiempo, teme perder ilusiones. Pero no se da cuenta de que sin arriesgarse, ya está perdiendo todo eso.

¿Qué pasa si al querer confiar nos defraudan? Pues es algo que puede pasar, pero eso no tiene que ver con nosotros, tiene que ver con el otro. Confiar no habla mal de uno. No gana el que estafa, gana el que confía. Sin embargo, de forma vicaria, hemos aprendido a pensar que si nos engañan, quedamos como "tontos", quedamos como inútiles. Cuando decidimos confiar, nos hacemos superiores a los demás. Si me estafan, sabré perdonar, pero no me detendré por las dinámicas de otros. No puedo encerrarme nuevamente, porque otros no sepan conquistar sin estafar. Ellos tendrán su merecido, todo lo que se siembra, se cosechará. No te detengas en el estafador, hay mucha gente preciosa en la que puedes confiar. Que tus experiencias del pasado no detengan tu futuro.

- **Ventajas de confiar**

1. Nos permite disminuir el nivel de estrés, ya que no estaremos alertas por si nos engañan o no.
2. Nos permite concentrarnos en lo que queremos lograr. Podemos disfrutar de lo que hacemos, porque no estamos en alerta. Es el caso de las parejas: cuando la desconfianza se instala, se pierde el placer de la relación.
3. Nos permite establecer contactos interpersonales que

pueden ser muy útiles. Nadie confía en quien no confía en uno.

4. Nos permite despejar nuestras capacidades mentales para ser más productivos. Las personas que están mucho tiempo en alerta por la desconfianza pierden con el tiempo la capacidad de resolución de problemas, ya que se agotan psíquicamente.

Confiar es una ventaja. Desarrollar esta capacidad psíquica nos lleva a un plano muy necesario para crecer que es confiar en nosotros. Para desarrollar una correcta autoconfianza, debemos tratarnos a nosotros mismos como trataríamos a los demás. Si logramos entender las ventajas de confiar, podremos ver por qué es tan importante hacerlo con nosotros también.

I) La capacidad de ser confiables

Si sé que puedo cambiar, ¿por qué no demostrarlo? No solo es conveniente ser, sino también parecer.

José estaba muy enojado con su familia, él les aseguraba que ya había cambiado su estilo de conducta y les demandaba que le creyeran. El problema era que su familia había sufrido mucho por sus mentiras y engaños, por lo cual se reservaban el derecho de creerle. Esto para José era una ofensa. ¿Cómo osaban desconfiar de su palabra?

—Demuestra que cambiaste —le pidió su madre.

—Yo no tengo que demostrarle nada a nadie.

—Entonces, tus conocidos se quedarán con la imagen que ya tienen de ti —continuó la mujer.

—Que hagan lo que quieran, yo no necesito su confianza —y salió de la habitación tras golpear la puerta.

• Cuando se pierde la confianza

Desde el momento en que decidimos formar parte de una sociedad, no aceptamos la idea de vivir solos en la montaña como ermitaños comiendo lo que pesquemos o cacemos, o en su grado más evolucionado, de lo que cultivemos. El solo hecho de estar en medio de los otros implica que aceptamos que queremos estar allí. Si no fuera así, seríamos absolutamente responsables de no hacer nada por salir de ese lugar. Pero estar, tiene un costo. El costo es un código que entre todos (o, por lo menos, entre la mayoría) se acordó respetar y cumplir y que está repleto de normas y reglas, como por ejemplo, no ser violentos, no robar, no matar, no engañar, etcétera. Estos códigos tienen algunos conceptos implícitos y otros explícitos.

La confianza es un concepto implícito entre las normas y reglas, es decir, no existe una ley que arreste a los no confiables, pero sí el sentido común que pondrá a los no confiables en tela de juicio y los observará más de lo común.

Imaginemos que vamos caminando por un callejón oscuro, a la noche, y vemos que se acerca una anciana con su perro. Nuestra alerta no será la misma que si se aproxima un grupo de jóvenes vestidos de negro con muñequeras con tachas en las manos.

¿Por qué? ¿Acaso es hacer discriminación? No, es tener sentido común. De alguna manera, bien o mal, aprendimos que es más probable que un grupo de jóvenes con esas características nos ataque, a que lo haga una anciana (no es imposible, pero sí menos probable). Cuando las personas se tornan poco confiables, todo se les vuelve más difícil. No consiguen trabajo tan fácilmente, tienen problemas en sus relaciones afectivas, están continuamente en tela de juicio sus salidas, muestran dificultades en el vínculo con sus hijos por no tener autoridad, etcétera. La confianza no se exige, la confianza es como un banco donde se deposita continuamente dinero, hasta que llega el día en que necesitamos hacer una compra y pagamos con un cheque. Este elemento de pago significa que la persona tiene dinero por lo que el comerciante acepta confiando en el que paga. ¿Qué pasaría si no tiene cheques o tarjetas de crédito? Entonces, ¿le podría pedir que se lo fíe hasta el mes siguiente? Podría, pero la confianza no sería la misma y, por lo tanto, no sería tan efectiva la transacción y existiría la posibilidad de que se disuelva.

La confianza en las personas es similar. En el ejemplo, el dinero representa las acciones, si no tengo acciones, mis palabras tienen un límite de valor intrínseco, así llegará un momento en que no creerán más en nuestras palabras, como si nuestros cheques llegaran devueltos por el banco con un sello que dice "sin fondo". Se correrá la noticia, y ya nadie aceptará nuestros cheques.

Con las acciones es lo mismo, yo no puedo decirle a un desconocido:

—¡Oiga! Usted tiene que creerme… o… ¡Me ofende que no me crea!

¿Por qué nos ofenderíamos? ¿Acaso no es lo mismo en nuestra forma de proceder?

Cuando la gente no confía en nosotros, puede suceder que:

- Nos cueste conseguir trabajo.
- Nos traten como si fuéramos a cometer un ilícito.
- Crean que podemos engañarlos.
- Crean que no vamos a ser responsables.
- Crean que vamos a actuar de forma violenta.
- Crean que vamos a abandonar el proyecto que empezamos.
- Crean que no vamos a cambiar.
- No nos tengan en cuenta para hacer proyectos.

- No nos tengan en cuenta para formar una familia.
- No consideren nuestros consejos.
- No atiendan nuestras ideas.
- Nos descalifiquen
- Nos observen de forma continua esperando a que llegue el momento en el que nos equivoquemos.
- Y muchos otros.

Esta lista no es más que una pequeña porción de un listado que puede tener varias hojas, el objetivo es dar una idea de lo que pasa cuando se pierde la confiabilidad. Ya no se vive igual, sino en una lucha continua. Y esto no es algo opcional, no servirá de nada salir a la calle a gritarles a todos los que nos conocen: "¿Quiénes son ustedes para desconfiar?" "¿Acaso no se equivocaron nunca?" "¡Ustedes tienen que confiar en mí!". Porque haciendo eso, solo lograremos que aumente la desconfianza, incluso, se fortalecerá la desconfianza hacia nosotros y reforzaremos aquello que estamos tratando de desbaratar: la baja autoconfianza.

- **Entonces, ¿qué hacemos?**

1. **Podemos demandar que confíen en nosotros:** Lo que no servirá de nada, porque esa es una ley o un sistema de demandas nuestro y por más que lo exijamos, la gente seguirá desconfiando, y esto acarreará más bronca a nuestras vidas.

2. **Podemos aceptar que no confíen en nosotros y no cambiar:** Lo que no sería demasiado diferente de lo expresado en el punto anterior, es decir, estaríamos menos

enojados por la desconfianza de la gente, pero aún padeceríamos las consecuencias.

Podemos pensar cosas como: "¡¡Qué me importa lo que piensen de mí, que se pudran!!" Lo que nos hará más difícil el camino, ya que necesitamos de la confianza de la sociedad para vivir en ella, de lo contrario, tenemos que estar dispuestos a vivir casi como ermitaños y de una manera muy limitada con todas las consecuencias que tiene ser alguien no confiable (algunas de ellas las nombramos en el listado anterior).

3. **Podemos aceptar que no confíen en nosotros e intentar cambiar demostrándolo:** La aceptación es reconocer la realidad lo cual no significa estar conforme. ¿Cómo revierto la situación?

   a. *Con tiempo:* No puedo pretender que con unos pocos pesos el banco me abra un giro en descubierto de miles de pesos. De igual manera, no puedo pretender que con un par de acciones buenas, la gente vuelva a confiar en mí. Las cosas buenas se olvidan rápidamente, pero las malas se recuerdan muy bien (y esto es lamentable). Por lo tanto, sepamos que invertiremos tiempo en esta empresa y seamos pacientes hasta que los frutos se vean.

   b. *Con actos:* Si he cambiado, debo demostrarlo, y se hace con hechos, no con palabras. Para esto, debo ser consecuente con mis palabras. Si tomo una responsabilidad, pase lo que pase, conviene cumplirla. No puedo dejarme llevar por el estado emocional, solo debo terminar lo que he empezado. Recuerda que si los demás confían en ti, te será más fácil hacerlo a ti también.

c. *Con empatía:* La empatía es ponerse en el lugar del prójimo. Saber tratar al prójimo es una de las cuestiones más bellas en las que alguien puede invertir su tiempo. En efecto, no solo por la satisfacción que da, sino por el buen negocio que es ser alguien confiable.

d. *Con pensamientos preferenciales e interpretación correcta de la realidad:* Se trata de disminuir las demandas a simples pensamientos de deseos. Cambiar las exigencias por deseos. Esto traerá mucha paz interior cuando no se puedan cumplir nuestras expectativas. Lo que nos llevará a tener emociones no perturbadoras y nos ayudará a no tener reacciones disfuncionales.

CAPÍTULO 4

Cada persona es única

1. Lo que nos distingue es la identidad

Suelo dar conferencias dirigidas a jóvenes y adolescentes en distintas escuelas sobre la importancia de conocer quiénes somos. En esos talleres, a veces, utilizo algunos recursos audiovisuales, como videos y dibujos, para hacer de los encuentros momentos más didácticos. Uno de esos videos es la historia de Lambert, el león cordero, un dibujo animado que produjo Walt Disney hace muchos años.

La historia cuenta que, un día, una cigüeña estaba repartiendo pequeños corderitos en un rebaño de ovejas. Todas las ovejas recibieron uno menos una oveja vieja, que lloraba sin consuelo. De pronto, entre las sábanas de la cigüeña, aparece un pequeño cachorro de león que no sabe dónde está. Aturdido sigue al resto de los corderitos y, como los demás, va tras una oveja. Ve a esta oveja sola, la adopta y se queda con ella. Cuando la cigüeña se da cuenta de que es un cachorro de león, quiere sacárselo, pero ya es tarde; ambos se han encariñado y espantan a la cigüeña con amenazas. Así comienza la historia de un cachorro de león en medio de un rebaño de ovejas. Pasan los días, y este cachorro no crece tan rápido como el resto. No bala como el resto. No tiene la apariencia del resto. Los pequeños corderos juegan entre sí y se dan topetazos con sus cabezas, pero el león no está dotado de una cabeza tan dura, y siempre termina en el suelo y mareado. Sus amigos se burlan de él y le hacen la vida muy triste. Todo esto que le pasa lo empuja a refugiarse en su vieja y amada oveja madre. El tiempo transcurrió, y el pequeño cachorro creció, y ya no fue fácil tenerlo escondido, porque su voluptuoso cuerpo y sus afilados dientes eran muy evidentes. Sin embargo, el cachorro de león todavía no sabía qué era ni quién era, seguía siendo tímido, y todos a su alrededor se seguían burlando de sus escasas habilidades para ser oveja. Un día, mientras el rebaño dormía, un lobo se acercó para secuestrar una presa. La que estaba más cerca era la madre de Lambert. Ella empezó a balar para que todos se despertaran, pero al escucharla, corrieron para esconderse y dejaron a la oveja a su suerte. Lambert estaba aterrorizado. No sabía qué hacer. Temblaba de miedo y le gritaba a su madre que volviera, pero el lobo ya la tenía en su poder. En ese momento, algo ocurrió dentro de Lambert, algo cambió y se activó. Se enfureció y rugió como nunca antes había rugido, tanto que asustó a sus propios compañeros. El lobo se paralizó, y él comenzó a correrlo hasta sacarlo del lugar. La historia termina cuando un grupo de corderos, mientras levantan a Lambert en andas, lo tratan de héroe y entonan una canción que dice que él es el león cordero.

Este dibujo animado me impactó por la precisión con la que describe lo que denominamos "falta de identidad". ¡Un león que no conoce su potencial porque cree que es un cordero! Se dice que los leones no tienen la capacidad de temer, que no saben retroceder y solo lo hacen cuando reconocen a un macho alfa en la manada, pero no por temor, sino por identidad. Lambert llegó a un lugar donde creyó que era un fracasado, porque si se trataba de balar y dar golpes con la cabeza, él no podía hacerlo. Pero esa no era su función, ese no era su perfil.

Mucha gente anda por el mundo intentando copiar el éxito de otros. Prueban maneras que les puedan brindar aceptación social, ya que a otros les funcionaron. Pierden gran parte de sus vidas buscando con quién identificarse para poder copiar su modo de ser y actuar, pero cuando lo hacen, cuando reproducen ese modelo, se desilusionan hasta aborrecerlo o sufren toda la vida por no dar el brazo a torcer en su equivocación.

La identidad es lo que nos diferencia de los demás.

Es lo que nos hace particulares y únicos en este sistema social. Nadie, por más parecido que sea, es igual a otro, sin embargo, actuamos de la misma forma que otros o reproducimos sus gestos, actos, palabras. No solo tenemos particularidades que nos hacen únicos, sino que también vivimos historias que son únicas.

La historia de una persona nunca es igual a la de otra. La psicología puede encapsular de forma apasionante los comportamientos de las personas a través de distintas teorías, pero cuando en la vida real, nos damos cuenta de que lo que leemos en los libros son solo escritos en un papel, porque cada vida tiene un comportamiento único. La identidad nos permite ser visibles ante los otros. Nos distingue y nos da la posibilidad de existir para otros.

Recuerdo que en una oportunidad estaba de guardia en un famoso centro de salud en las sierras de Córdoba. Ese día, el lugar cumplía un aniversario, y un famoso cantante popular, amigo de la casa, brindó un pequeño recital privado en homenaje a los fundadores. El cantante es muy conocido. Yo lo admiraba mucho. Cuando me acerqué, entre la multitud, solo era uno más del montón, pero luego me presentaron y le dijeron:

—Él es el doctor Palermo, mientras esté aquí, cuente con él para lo que necesite.

—Con mucho gusto —dijo él y me saludó amistosamente.

Esa tarde, salí a dar una vuelta por el spa y lo vi sentado descansando. No quise molestarlo, pero él me vio a la distancia y me llamó por mi nombre.

—¡Doctor Palermo! ¿Cómo le va?

Utilizo esta anécdota para mostrar cómo la identidad saca a las personas del anonimato. Si alguien te identifica por algo, tendrás más posibilidades de existir para esa persona. Yo no existía para este artista antes de que me presentaran. Es decir, él no sabía nada de mí. Pero el solo hecho de que alguien me identificara hizo que saliera del anonimato para ser, en ese lugar, "el doctor Palermo". Él podía estar frente a multitudes, pero no identificaba a cada persona entre las grandes masas que asistían a sus recitales. Es imposible que así sea. Pero cuando algo te hace particular, entonces sales de la multitud para ser tú. Ya no estás entre la gente, ya no eres un número, no formas parte de la gran masa. Cuando aprendes a identificarte, puedes ser tú en medio de los millones que te rodean. Eso te hace visible, eso te da dignidad, eso te permite ser importante, porque eres tú.

2. ¿Qué es la identidad?

La identidad es el conjunto de particularidades que hacen que tú seas tú. Es la suma de las conductas más la perspectiva de vida que tienes. No se trata solo de la forma en la que te desenvuelves. Tampoco se trata de un rol social, simplemente. No es la intención de vida que tienes ni es hacia donde te diriges. La identidad es la suma de todo ello. Es tu motivación sumada a tu forma de desenvolverte, es el porqué y el para qué de lo que haces. Es tu rostro más tu personalidad, más tu visión de vida y más tus deseos.

La identidad nos promueve como personas. Es la historia de vida que tenemos sumada al futuro que queremos darle. Para la psicología, la identidad es tan necesaria como el alimento. Erich Fromm, un psicoanalista y psicólogo social alemán fallecido en 1980, decía que: "Esta necesidad de un sentimiento de identidad es tan vital e imperativa que un ser humano no podría estar sano si no encontrara algún modo de satisfacerla". Y agregaba: "La identidad es una necesidad afectiva (sentimiento), cognitiva (conciencia de sí mismo y del otro como personas diferentes) y activa (el ser humano tiene que tomar decisiones haciendo uso de su libertad y voluntad)".

Según la Real Academia Española, la palabra identidad tiene varias acepciones, y la mayoría de ellas nos sirve para entender este postulado:

- Conjunto de rasgos propios de un individuo o de una colectividad que los caracterizan frente a los demás.
- Conciencia que una persona tiene de ser ella misma y distinta de las demás.
- Hecho de ser alguien o algo, el mismo que se supone o se busca.

Si tomáramos en cuenta el conjunto de estas definiciones, podríamos decir qué es lo que nos permite tener conciencia de ser diferentes de los otros y qué es lo que los otros nos ven de diferentes a ellos. Todos los seres humanos tenemos identidad, pero no todos logran definirla. Este apartado intenta motivar a las personas a iniciar esa búsqueda personal.

a) Nuestra identidad no es el pasado

Nuestra historia no es nuestra identidad. Nuestra historia habla de nosotros, pero nosotros no "somos" nuestra historia. La importancia de este punto radica en que si la historia de vida de un sujeto es traumática y angustiante y solo se tiene en cuenta como base de la identidad, este sujeto vivirá el resto de su vida en función de la angustia que sufrió.

Dialogando con Agustín, un paciente adicto, tuvimos la siguiente charla:

—¿Por qué no te esfuerzas por avanzar en tu progreso, Agustín? Tú mismo estás de acuerdo conmigo en que no lo estás haciendo. ¿Cuál es la causa?

—Doctor, vivo en un barrio miserable. Para llegar a mi casa desde la parada del colectivo, tengo que pasar por cuatro esquinas donde se juntan los chicos con los que me crié. Ellos no están interesados en cambiar, van a seguir robando y drogándose. Yo soy como ellos, esa es mi historia. Dejemos de hacernos falsas ideas, doctor. Este soy yo, un villero con historia de villero, y no hay forma de salir de esto. Soy esto, le guste a quien le guste.

En el libro *Pregunte a Albert Ellis*, le realizan una entrevista a este profesional, fundador de una de las ramas de la terapia cognitiva (la terapia racional-emotiva y conductual), una de las corrientes más influyentes de este tiempo.

Interlocutor—. Los recuerdos que nos traumatizan son aquellos con los que nos identificamos, los que convertimos en parte de nuestra identidad. ¿Por qué convertimos en parte de nuestra identidad las anécdotas más molestas (rechazo, abandono, etc.) y no todos los gestos de amor que probablemente hemos recibido en nuestra infancia?

Albert Ellis—. Es cierto, solemos asociar nuestra identidad principalmente a las cosas más desagradables que nos han sucedido, en vez de a todos los signos de amor que probablemente hemos recibido a lo largo de nuestra vida, y esto ocurre así porque nos tomamos demasiado en serio las cosas desagradables y por tanto, exageramos su significado.

Me impactó la frase: "exageramos su significado". Ese es el problema. El pasado no tendría más influencia en nosotros que una impronta en nuestras mentes y, sin embargo, parece estar allí para reforzar nuestras creencias: qué significado le otorgamos y qué grado de importancia le asignamos en nuestra vida presente.

Las creencias sociales definen el significado de los hechos. Voy a dar un ejemplo, que aunque muy delicado, puede graficar el concepto.

Abelardo es un amigo que tiene 40 años. Nació en un hogar muy bien constituido. Su padre y su madre siempre hicieron lo posible para que tuviera todo lo necesario, además de brindarle mucho amor y afecto. Cada mañana, su padre se levantaba para ir a trabajar y antes de irse, pasaba por su habitación y lo besaba en la frente haciéndole una señal de bendición. Era muy importante para él y, a veces, solo simulaba dormir para no estropear ese momento tan agradable. Siempre tuvo la creencia de que sus padres lo amaban y lo aceptaban, creencia que sostiene hasta hoy.

En cierta ocasión, él me contó que cuando su padre lo disciplinaba, lo hacía con un cinto con el que le daba en sus nalgas. Lo hizo entre risas, con mucha naturalidad, y me confesó que, aunque quisiera, él no podría disciplinar así a su hijo, porque su esposa no entendería su motivación y lo tomaría como un acto de violencia.

—¿Por qué ella lo tomaría como un acto de violencia y tú no? —le pregunté durante esa amena charla.

—No lo sé, nunca me tomé esa forma de disciplina como algo trágico. Mi padre me amaba. Sé que al darme unas nalgadas, le dolían más a él que a mí. Seguramente, él había aprendido ese modo de sus padres, unos tanos muy exigentes.

—¿Me dices que lo que antes no era violencia hoy sí lo es?

—Digo que la violencia no está en el acto, está en la intención y en el significado. Para mí, mi padre nunca me golpeó. Él me disciplinó y yo le agradezco eso. Pero debido al significado social que adquirió un cinto hoy y al significado general que puede tener que un padre le pegue con un cinto a su hijo, yo no lo haría. No por el acto, sino por lo que significa socialmente.

—Explícame más —le pedí.

Sin saberlo, me estaba introduciendo en mis primeras clases de psicoterapia cognitiva.

—Mira —continuó —, en ciertos lugares del mundo, los hábitos culturales permiten que los hombres puedan tener varias esposas. Si un hombre con poder adquisitivo quiere más de una mujer, lo puede hacer. Las mujeres aceptan la situación, porque lo ven como algo cultural. Si eso mismo ocurriera en nuestra sociedad, se consideraría adulterio, y la primera esposa lo viviría como una traición. El acto es el mismo, pero tiene un significado distinto.

Abelardo me dejó pensando. Si alguien me contara esta historia en mi consultorio, no la tomaría de la misma forma en la que lo hice en aquella oportunidad. Pensaría que la persona que me la relata presenta algún tipo de problema. ¿Por qué? Porque la conciencia social impregnó nuestras vidas, nos concientizó de modo tal que podamos reconocer en ese tipo de conductas un grado de violencia familiar. Si alguien vive ese tipo de situación, no será grave por el acto, sino que será grave por el significado del acto. Ejemplo: si alguien tuviera un paro cardíaco, una de las técnicas de resucitación, es darle un golpe de puño en el pecho con el fin de resucitarle. Si este golpe fuera dado en otro contexto sería interpretado como violencia, sin embargo ante la posibilidad de muerte, es interpretado como terapéutico. No son los actos en sí lo que lo que daña psíquicamente, sino el significado que tenemos de la intencionalidad de quien genera el daño.

La vida de Abelardo resultó estable, acorde y productiva para la sociedad. Porque él creía que la intención de su padre era educarlo. La diferencia con otras historias en las que ocurrieron hechos semejantes estuvo en que él nunca consideró que aquello era violencia, debido a que sus padres se encargaron de darle el amor correspondiente para que así fuera. Hoy, él no tiene problemas con su pasado, porque considera que esa era una forma de disciplinarlo.

Así como la historia de Abelardo no tuvo consecuencias negativas para él, historias similares a esta pueden ser vividas de distinta manera y pueden generar identidades diferentes a la de él.

Una vez, llegó a mi consultorio una adolescente para contarme que cuando ella era pequeña su padre se sacaba el cinto y la obligaba a quedarse sentada en la mesa. Esos episodios eran algo que ella no podía olvidar. Lejos estaba la interpretación de que su padre la había amado. Ella nunca recibió estímulos afectivos. Mientras esta joven me contaba su historia, recordé la de Abelardo y me di cuenta de la diferencia entre disciplinar e intimidar.

El tema, entonces, es el significado que le aplicamos a nuestro pasado. Si "exageramos su significado" o lo "tremendizamos", al decir de Albert Ellis, terminamos viviendo un presente angustiante y frustrante. Solamente lo que decidimos que forme parte de nosotros, será parte de nosotros; el resto, por más traumático que sea, será solo un trauma que se cerrará cuando lo elaboremos, entendiendo como elaboración "la construcción de una nueva realidad en nuestras mentes".

3. Identidad es nuestra esencia

Definir la esencia de las cosas es un tema delicado. Si alguien me pidiera que definiera qué es una silla, no me resultaría tan sencillo hacerlo. Tenemos que aclarar, para empezar, a qué llamamos definición y diremos que es "aquella proposición que puede describir algo material o inmaterial con claridad y exactitud, sin confundirlo con otra cosa, exponiendo sus características generales y particulares". Con esta aclaración, nos damos cuenta de que definir las cosas no es algo tan sencillo, salvo por algo que llamamos "esencia". Si alguien toma un mate de madera, podría decir que es un recipiente tipo mortero o una vasija o un vaso.

¿Qué es lo que hace que sea lo que es? Su esencia, aquello que lo identifica, eso que simplemente lo describe por ser eso.

En cierta oportunidad, estaba tratando de ayudar a una paciente a desarrollar su identidad (algo que lleva mucho tiempo y muchas entrevistas):

—¿Quién eres tú? —le pregunté.

Ella rió nerviosa, no sabía a qué me refería, a pesar de que estaba viniendo a terapia hacía ya un tiempo.

—Soy Elizabeth —dijo dudando.

—Ese es tu nombre, yo quiero saber quién eres tú, conozco a muchas Elizabeth. ¿Tú quién eres?

—Pues… soy su paciente.

—Yo tengo otras pacientes que se llaman Elizabeth. ¿Quién eres tú?

—Pues… esta que está sentada frente a usted.

—Sí, eso lo veo, pero lo que quiero saber es qué te define como tú… ¿Cómo sé que no eres otra persona? —insistí con la intención de confundirla.

—¿A qué se refiere? Usted sabe que soy yo, no entiendo adónde va…

—¿Cómo sé yo que tú eres tú?

—¡Por mi aspecto!

—¿Qué tiene tu aspecto?

—No lo sé, la forma de mis ojos, mis labios, mi cabello…

—Mira, me ha tocado trabajar con gemelos, ellos eran idénticos, y yo tenía que preguntarles cada tanto, quién era quién… ¿Crees que yo lo sabía por su aspecto?

—No solo por eso, su forma de hablar, su forma de comportarse, son muchas cosas las que definen quiénes somos.

—Exacto. ¿Qué te define a ti? ¿Tu historia? ¿Tus éxitos?

—Entiendo…

—Si te cortaran una pierna, ¿seguirías siendo tú?

—Sí, claro.

—¿Y si perdieras los ojos?

—También, por supuesto —me contestó ella.

—Y si te quitaran partes de tu cuerpo, ¿seguirías siendo tú?

—Sí, claro, yo no soy solo este cuerpo —afirmó, ya segura de lo que decía.

—¿Y quién eres tú?

Se quedó mirándome como si buscara una respuesta en mi rostro.

La palabra que Elizabeth buscaba era "esencia". Simplemente, la esencia. Ese algo que tienen las personas que las hace, sencillamente, únicas. Ella era en sí misma su esencia. Las personas son en sí mismas lo que son. El conjunto de particularidades puede variar. Puede variar el cuerpo, pueden variar las creencias y puede modificarse el curso de sus historias, pero siempre serán ellas.

¿Qué hace que un ser humano sea tan importante?

Su existencia. El solo hecho de existir ya determina su importancia.

Esencia, según el diccionario, es "aquello que constituye la naturaleza de las cosas, lo permanente e invariable de ellas".

¿Qué es invariable en el ser humano?

El cuerpo, la mente y las emociones cambian.

¿Qué es aquello que no cambia?

Su vida. La vida es lo que no cambia.

El diccionario dice también que esencia puede entenderse como "lo más importante y característico de una cosa". Lo más importante en la vida del ser humano es la misma vida del ser humano. Y esto es un misterio. Digo que es un misterio, porque la vida no ha podido ser estudiada. La ciencia moderna ha podido desarrollar múltiples postulados, pero todos ellos terminan en teorías, ya que no logran reproducir, como lo exige el método científico, lo que manifiestan en las teorías. Hasta aquí, hemos podido modificar las formas de reproducir la vida, formas de extender la vida, maneras de impedir que la vida se acorte, pero bajo ningún punto de vista hemos podido llegar a dar vida a lo que ya no tiene vida.

Este hueco hace la gran pregunta: ¿Qué es la vida? Eso tan valioso que tenemos todos los seres humanos y que nos hace tan particulares. Algunos —y entre ellos yo— han acordado en llamar a la vida "espíritu". La palabra espíritu para la Teología significa "viento, soplo o aliento". La Real Academia Española, dentro de su variada gama de definiciones, lo describe como "aliento y esencia de las cosas". Para muchos autores, incluido yo, el espíritu es ese soplido que Dios puso en las personas y que las sostiene con vida. Cuando entregan su vida, entregan el aliento.

Si bien no se trata de un fundamento científico, ni pretendo convencer a quienes ya han tomado decisiones sobre sus creencias, quiero dejar expresado que cada ser humano es importante por poseer eso que lo hace único y que nadie puede reproducir ni gobernar: la vida. Es importante por ser un ser vivo. La vida es lo que lo hace tan importante.

4. ¿Cómo se busca la identidad?

A lo largo de la historia de la humanidad, se han elaborado un sinfín de teorías, tratados filosóficos, psicológicos, ensayos existenciales, etc., alrededor de este tema, pero no quisiera profundizar en ellos, sino concentrarme solo en el aspecto práctico de la vida diaria, en lo cotidiano, que es lo que más ocupa la mente de la mayoría de las personas. Y es en ese andar cotidiano que a veces olvidamos quiénes somos y nos enfocamos exclusivamente en lo que hacemos y logramos. Por eso, conocer nuestra identidad nos dejará ir en pos de nuestro sentido; de lo contrario, no podremos encontrarlo.

Es importante, por un lado, que quede claro que lo que hacemos no define nuestra identidad; como en el caso de Lambert, que por más que balara o viviera con ovejas, no era una oveja. Por el otro, que una vez definido quiénes somos, esto nos permitirá conocer para qué estamos o qué tenemos que hacer en función de quiénes somos.

Si pudiéramos hablar con objetos inanimados y les preguntáramos para qué existen, la identidad de cada uno, de alguna manera, sería mucho más clara. Un vaso diría "para contener agua", un cuchillo podría decir "para cortar". Pero el vaso no es un vaso porque contiene agua, ya que si yo juntase mis manos, podría guardar agua, pero mis manos no son un vaso. El vaso contiene agua "porque es un vaso". Lo mismo el cuchillo. No es un cuchillo porque corta, corta porque es un cuchillo. De igual modo, las personas no son lo que hacen. Sin embargo, si alguien cree que es algo, actuará como tal.

He escuchado a muchas personas decir que no pueden conseguir trabajo porque son inútiles —luego de un extenso diálogo, la mayoría de ellas reconoció que eso fue lo que les hicieron creer—. Lo peor es que, una vez que las conozco, realmente parecen inútiles. Actúan de forma insegura, y eso las hace fallar en muchos intentos. Lleva tiempo reeducar los hábitos y las creencias sobre uno mismo, pero cuando sucede, las conductas se vuelven más seguras y efectivas. Las personas no son lo que hacen, pero la mayoría actúa de acuerdo con lo que cree que es. Por eso es tan importante definir quiénes somos y hacia dónde nos dirigimos.

Cuando desconocemos el propósito de un objeto, lo usamos para lo primero que se nos ocurra sin que esa sea necesariamente la opción correcta. Si las personas desconocen su identidad, no conocerán su propósito ni de qué se trata su historia, y así le darán cursos fortuitos, y lo peor es que podrán pasarla bien, tener cierto bienestar, divertirse en el camino, pero nunca alcanzarán la satisfacción plena, ya que no hay un lugar de llegada, y por lo tanto, no habrá una satisfacción de logro que se sostenga en el tiempo.

Si logramos acordar que lo más importante en la vida del ser humano y lo que lo hace "tan" importante es la vida misma, entonces lo más importante para hacer será:

1. **Buscar la vida.** Las personas van a buscar la vida de acuerdo con la forma de valorar su origen.

   • *Los que creen que Dios es el dador de vida*, organizarán sus vidas de manera de conocer y relacionarse con ese Dios al que pueden concebir o bien como una cosa o energía, o bien como alguien con emociones y pensamientos propios. (Las distintas interpretaciones son las que han generado las diversas religiones y opiniones filosóficas. En lo personal, busco la vida en Jesús y creo que cuanto más cerca esté de él, más cerca estaré de la vida misma).

   • *Los que creen que el origen fortuito del ser humano es algo azaroso y casual* se concentrarán en esta última característica, ya que consideran la vida como una especie de casualidad y como pasajera.

2. **Cuidar que la vida sea lo más productiva y placentera posible.** Todos los seres humanos con un estado psíquico

funcional, intentarán cuidar su vida y convertirla en algo productivo y placentero. En esta búsqueda, las personas también se diferenciarán en dos grupos:

Los que se concentran más en su propia vida que en la de los demás. Este grupo está formado por las personas que buscan más la productividad que el placer (se focalizan en el trabajo o en proyectos continuos de crecimiento personal) y, también, por las personas que buscan más el placer que la productividad (se focalizan más en el placer inmediato y la diversión a través de cualquier medio).

Los que se concentran en la vida de los otros. Este grupo está formado por las personas que participan en la ayuda humanitaria. Ellas piensan en cómo ayudar a los otros, porque, sin saberlo, piensan en el futuro. De alguna manera, estas personas están invirtiendo en la vida de la humanidad. Proyectan sus sueños para que en el futuro otros puedan vivir mejor: sus hijos, los hijos de sus amigos, los habitantes de su ciudad, etcétera. A este grupo se pueden sumar personas que trabajan en proyectos tecnológicos para el beneficio de la humanidad, aquellas que trabajan en sociedades de beneficencia, las que se comprometen en distintas actividades porque creen que ayudan con lo que hacen.

La crisis de identidad en las personas se produce cuando no saben dónde están paradas en este esquema o cuando están paradas en un lugar y quieren estar en el otro.

En una oportunidad, hablaba con una madre que se había enojado conmigo, porque su hijo no cambiaba.

—Usted no le dice que lo que está haciendo está mal, doctor. ¿Por qué no le dice que busque a Dios?

—Él está viviendo de acuerdo con lo que cree. No puedo intervenir en eso. Solo intervengo cuando las personas hacen crisis. Y las crisis se generan cuando las personas no viven lo que creen. Si él, en su interior, está convencido de que no está mal, ¿qué puedo hacer yo? —le pregunté.

—Pero usted sabe que sus elecciones están mal —insistió ella.

—Sí, así lo creo. Sin embargo, las personas solo cambiarán cuando se convenzan de ello. Puedo ayudar a los que hacen crisis con sus vidas. Él no está en crisis. Él está viviendo lo que quiere. Seguramente, pronto se golpeará. Sé que la cárcel es un riesgo para él, pero no puedo impedirlo, la experiencia será su maestra.

Las personas son inseguras cuando no saben lo que buscan.

Cuando llegó Jordan al grupo, actuaba en forma muy egocéntrica. Todo lo hacía solo si a él le convenía. No sabía exactamente para qué iba, ya que no tenía completa conciencia de su problema, pero continuó asistiendo de forma disciplinada como nunca antes lo había hecho. Cuando terminó el año, pidió unirse al grupo de voluntarios para ayudar a otros a salir de las drogas.

—¿Recuerdas cuando viniste? No sabías ni dónde ir a comprar tus cigarros. ¿Cómo sabes que puedes ayudar a estos muchachos? —le pregunté.

—No lo sé, solo sé qué es lo que quiero hacer. Me llena de vida ayudar a otros, y eso me gusta.

Recordé esas palabras y las guardé en mi mente: "Me llena de vida". Los seres humanos buscan la vida. Cuando Jordan me dijo que eso lo llenaba de vida, entonces me di cuenta de que esa era su identidad, "un rescatista de vida".

Maribel era otra joven que buscaba su identidad. No sabía hacia dónde dirigirse. Un día, en la congregación que pastoreo, se detuvo ante una clase para los niños y se quedó mirando cómo se desarrollaba. Alguien que la había visto asistir a los grupos, le preguntó si quería ayudar a preparar las meriendas para los chicos. Pasó el tiempo, hoy Maribel es una excelente maestra. Ella proclama que los niños son su vida.

Si las personas buscan, cuidan y promueven la vida, debe ser porque vienen de la vida misma. La identidad de cada ser humano se establecerá en la medida en que cada uno logre encontrar dónde se llenará de vida, dónde cuidará de la vida, y cuando decida si se concentrará en él mismo o en los otros. Luego, sabrá qué hacer y hacia dónde dirigirse.

La identidad de Maribel y de Jordan, como la de cualquiera, no está definida por sus acciones, sus acciones están definidas por quiénes son. Maribel no es maestra de niños porque eso es lo que hace. Ella se dedica a los niños porque ama la vida en otros.

La identidad se buscará, por lo tanto, de acuerdo con este patrón: la forma en la que se administrará la vida. Será algo pasajero y personalista, donde encuentre paz y felicidad donde sea y como sea, o algo eterno y plural, donde todas mis decisiones afecten al entorno, también. Cualquiera sea el enfoque de vida, este determinará lo que se busque, y eso es lo que le dará propósito e identidad.

5. Identidad es diferente de personalidad

La personalidad habla de nuestra forma de comportarnos con los demás y con nosotros; la identidad habla de quiénes somos y de qué debemos hacer de acuerdo con quiénes somos.

Las personas pueden cambiar su personalidad, pero lo que no lograrán nunca cambiar es quiénes son. Somos lo que somos, no lo que hacemos. Podemos hacer cosas porque ignoramos quienes somos, como en el caso de Lambert, el león cordero, pero nunca seremos lo que hacemos. La personalidad es la forma en la que vamos a desarrollarnos. Es la manera en la que vamos a guiar nuestra historia. Sin embargo, hay que tener en cuenta que es muy difícil lograr una madurez en la personalidad si no se tiene un propósito claro.

Henry Ey, un reconocido psiquiatra francés fallecido en 1977, definió la personalidad como una "construcción en dependencia con la maduración bioneurológica, las experiencias originales, las relaciones interhumanas, culturales, afectivas y sociales, las funciones psíquicas de base, el carácter y el temperamento". Dicho de otra forma, la personalidad es la suma de las funciones biológicas del sistema nervioso más las experiencias de vida, el carácter y el temperamento. A su vez, el temperamento es la base, genéticamente determinada, que se hereda y se manifiesta al comienzo de la existencia. Se vincula directamente con el temor y con la ira, y regula los estímulos internos y externos con independencia de las funciones cognitivas. Es decir que involucra el sistema biológico del ser humano que se llama "memoria de procedimiento", que no está asociada a los pensamientos superiores, sino a las conductas innatas.

El carácter habla del "grabado sobre el temperamento". La definición de la palabra carácter hace referencia a "lo que se imprime o se graba". Para la Real Academia Española, una de las acepciones es "señal o marca que se imprime, pinta o esculpe en algo". Se podría decir que el carácter es la adaptación del temperamento al entorno. Las impresiones (grabados o caracteres) que deje la realidad sobre la vida psíquica de las personas darán como resultado la personalidad. Resumiendo: El temperamento es la estructura psíquica con la que nacemos, el carácter es el resultado de la adaptación del temperamento al entorno, y el resultado final es la personalidad del sujeto.

En la actualidad, existe una corriente de estudio dentro de la Psiquiatría que investiga y estudia los trastornos de personalidad: formas patológicas o disfuncionales de interacción con el medio que hacen que las personas sean peligrosas para sí mismas o para terceros. Una personalidad sana es aquella que logra adaptarse a las diferentes situaciones de la vida sin alterar la productividad ni malograr su propósito de existencia ni afectar la calidad de vida de otros.

6. ¿Cómo lograr una personalidad sana?

El tema es muy amplio, pero vamos a tratar de ser concretos y de dar las herramientas necesarias. La plataforma o base para desarrollar una personalidad sana se consigue a través de las siguientes pautas:

1. Debemos aprender a educar nuestras emociones.

Tomar decisiones y desarrollar conductas en sentido opuesto a lo que sentimos es una tarea difícil. Nuestras emociones son, de alguna manera, las expresiones de nuestro sistema de creencias, están motivadas por nuestra forma de interpretar y valorar los hechos, no por los acontecimientos que vivimos. Si aprendemos a educar nuestro sistema de creencias, lograremos tomar mejores decisiones. Este es un desafío y una responsabilidad personal. Emocionalmente, todos los seres humanos giramos en torno de dos sistemas: uno que produce placer y otro que produce angustia. Dentro de las emociones que producen angustia, hay tres que son básicas: la tristeza, la ira y los miedos, de las que se desprende el resto del sistema emocional perturbador.

Cada una de estas emociones, con todas sus variantes, se sostiene en un sistema de creencias muy profundo, muchas veces desconocido hasta por las propias personas que lo viven.

La tristeza puede surgir, por ejemplo, porque las personas se resisten a dejar de evocar el pasado, observan en el presente lo que ya no está y se quedan anclados mirando siempre hacia atrás. La tristeza se sostiene en la creencia de que, como hubo una pérdida trágica, el futuro nunca será igual de hermoso y, debido a eso, ya no tiene sentido pensar en él. No hay tristeza si no se interpreta o vive una situación de pérdida. Para resolver las creencias o interpretaciones de pérdidas catastróficas, las personas deben usar un recurso psíquico llamado "elaboración". Deberán elaborar las pérdidas y la nueva realidad. ¿Qué es elaborar la pérdida? Es el proceso por el cual se construye en la mente una nueva realidad. Cuando pensamos en algo, ya tenemos conceptos e ideas preconcebidos. Si nos dicen cielo, ya tenemos una imagen en nuestra mente. Si nos dicen cocina, podemos imaginar la nuestra en forma automática. Esas imágenes mentales constituyen la realidad mental de las personas. La crisis ante las pérdidas se produce cuando las personas no pueden sostener esas imágenes en sus mentes porque ya no son reales, porque hubo una pérdida. Elaborar es construir la nueva realidad dentro de nuestras imágenes mentales.

La ira es una emoción básica de donde se desprenden connotaciones de angustias. Para llevar una vida en paz, debemos educar nuestras reacciones de enojo y colocar la intensidad correcta de ira en el acontecimiento adecuado. La ira se engendra por la creencia de que nos han ocurrido cosas injustas y que debemos hacer algo para remediarlo o para evitar que vuelva a ocurrir. No es necesario que alguien esté pensando en una injusticia, pensar y creer son dos cuestiones diferentes. Las personas pueden no estar pensando en injusticias, pero pueden sentir bronca o enojo. ¿Por qué? Porque sin darse cuenta han desarrollado acciones o hábitos sobre una plataforma de creencias implícitas (no conscientes, la mayoría de las veces), donde se exigen de forma demandante las cosas.

—Estoy furioso, mi madre no deja de meterse en mi vida —comentó Xantino.

—¿Y qué es lo que te molesta, exactamente?

—No lo sé, solo me molesta.

—Pues no vas a resolver nada si no evalúas el origen de tu enojo —le dije con calma.

—Me molesta que se meta en todo, ella no tiene por qué hacer eso —replicó.

—¿No tiene? ¿Esa es una especie de ley? —pregunté.

—Pues claro que sí. ¿A usted le gusta que se metan en todos sus asuntos?

—Esto no tiene nada que ver con los gustos. La pregunta es si esto es un gusto tuyo o una ley tuya —continué.

—¡Es una ley!, claro. ¡¡Así deben ser las cosas conmigo!! —afirmó orgulloso.

—¡Qué bien! ¿Y tus leyes son respetadas? ¿Te sirve de algo tener una ley que no se respete?

—¿A qué se refiere? —contestó exaltado.

—Si las personas crean leyes para que su entorno se relacione con ellas, sufrirán mucho, ya que la mayoría de las personas no saben de eso. Las madres son madres, la función de ellas siempre va a ser ver que los hijos crezcan bien hasta que sean independientes. Además, que te disguste su nivel de involucramiento también es normal y hasta fisiológico, pero que establezcas una ley que exija a tu entorno no meterse contigo, te llevará a vivir una angustia muy grande, porque por más que lo exijas, eso no ocurrirá. Cada tanto, alguien no respetará tus leyes y, cuando eso ocurra, el único que sufrirá serás tú.

—¿Quiere decir que debo dejar que otros hagan lo que quieran conmigo?

—¡Claro que no! Solo debes vivir con la capacidad de entender que las personas pueden hacer cosas que te disgusten, pero eso no significa que estén en tu contra o que lo hagan a propósito. Es muy diferente creer que tu madre "no tiene" que meterse en tus cosas a que creas que "sería mejor que tu madre no se metiera en tus cosas". La ventaja de optar por la segunda forma de pensamiento es que es una manera de adaptarse mejor, en el supuesto caso que ocurra lo que tú no deseas y que, por eso, te desestabilices emocionalmente.

Cuando las personas le exigen a su entorno la forma en la que quieren que actúe, se vuelven inflexibles y difíciles de tratar. Sin embargo, si consideran sus deseos como gustos y aspiraciones, tendrán la capacidad de no elevar el nivel de ira a grados disfuncionales.

El miedo es una emoción básica, de la que surgen las principales motivaciones equivocadas del ser humano. Las personas, en general, organizan sus vidas de forma tal que puedan anticiparse o prevenir hechos para que no se conviertan en sucesos complicados. Cosas que para cada ser humano serán diferentes, de acuerdo con lo que cada uno crea importante. Por ejemplo, algunos invertirán esfuerzos en la educación futura de sus hijos; otros intentarán dejarles una casa; otros preferirán contar con una obra social para prevenir problemas de salud, etcétera. La idea es evitar situaciones que se consideran nefastas. Cuando la prevención es ejercida desde el temor, dejamos de vivir el presente para vivir catástrofes imaginarias del futuro. El miedo es una emoción que se sostiene en la creencia de que algo malo va a ocurrir y que no tenemos la capacidad para poder enfrentarlo. Por eso, es importante desarrollar la confianza en que sí podemos hacerlo, ya que sin ella, viviremos permanentemente esclavos del temor.

Las creencias no son lo mismo que los pensamientos. Una nueva información, un nuevo conocimiento pueden influir en nuestros pensamientos, pero el sistema de creencias nucleares sobre el que las personas organizan la vida tiene arraigadas las ideas. Para educar el sistema emocional, hay que cambiar esos esquemas nucleares de creencias. Muchas personas que sufren de fobias piensan que el elemento que les genera temor no es tan intimidante, sin embargo, por algún motivo, tienen arraigado en su interior una creencia que les genera determinadas emociones y que les induce ciertas conductas.

2. Debemos hacer las paces con nuestro pasado.

Mirar hacia atrás solo sirve para aprender de las experiencias, pero no es útil para definir el futuro. El pasado está fuera de nuestro alcance, pero el futuro se maneja desde el presente. Muchas personas están detenidas en el tiempo, porque en su pasado hay cosas que nunca pudieron resolver. Este es un tema muy especial e importante para la psiquis humana: la capacidad de elaborar los traumas y los dolores del pasado.

La capacidad de elaborar, como decía en el ítem anterior, es la capacidad de volver a reacondicionar nuestras mentes para generar imágenes actuales y con nuevas perspectivas. Las imágenes que tenemos en nuestras mentes son las que nos motivan o nos detienen. Por ejemplo, si alguien, al pensar en una pareja, no puede evitar que se le aparezca la imagen de un hombre golpeador, estafador y mentiroso, ya sea porque le hicieron creer que "así son los hombres", ya sea porque tuvo un padre violento o personas en su entorno que actuaban de esa manera, para esa persona, pensar en convivir con un hombre será más difícil que para otra que no tenga esas imágenes.

El pasado y las creencias sobre él determinan este tipo de imágenes. Esto suele pasar muchas veces en las relaciones sexuales íntimas. Hay hombres o mujeres que han tenido experiencias traumáticas con la sexualidad genital y no logran visualizarla como algo placentero y de unión, sino como una obligación conyugal o relacional.

El pasado puede permanecer en el presente solo en nuestras mentes. No tiene acceso de ningún otro modo. Hay dos formas en que el pasado accede a nuestras mentes:

- Por evocación: se intenta recordar situaciones vividas y se sostienen esas imágenes mentales de forma voluntaria.
- Por impregnación emocional: la memoria emotiva es aquella que se activa cuando transitamos experiencias similares a otras ya vividas. Aparecen entonces imágenes del pasado. Es común, por ejemplo, que ciertos olores o colores nos recuerden momentos de nuestra infancia.

¿Cómo evitar la influencia del pasado sobre el presente? La conducta puede estar inducida por las emociones, pero está dirigida por la decisión, es decir, por la voluntad. Esto quiere decir que podemos hacer caso omiso a las emociones y actuar aun en contra de lo que sentimos. Si bien esto puede ser desagradable, este esfuerzo es el comienzo de un proceso de reordenamiento mental en relación con el pasado. Al realizar movimientos diferentes y transitar nuevas experiencias, el pasado irá borrando su registro o huella en nuestra mente.

Conocí a un hombre al que llamaba el señor Páez. Era alto y de caminar muy recto. El problema por el que me consultó surgió en la empresa de ventas en la que trabajaba. Gracias a su capacidad comunicativa y de relación, había crecido mucho en su carrera profesional. Si bien esta situación parecía positiva, para él se había convertido en algo traumático debido a que le habían pedido que brindara conferencias sobre ventas a los equipos de trabajo de las sucursales del país. Esto lo desesperó, dado que, hasta ese momento, nunca había hecho una actividad semejante. Cuando llegó a la terapia, me transmitió que el propósito de su asistencia era desarrollar su autoconfianza para poder expresarse mejor. No fue fácil, en él estaba instalada la idea de que los demás se burlarían en forma continua. Cuando comenzamos a trabajar esta temática, él comenzó a recordar una serie de experiencias, que había olvidado, durante su paso por el jardín de infantes. Recordó que tuvo que inventar y contar un cuento a sus compañeros, quienes se burlaron de él. Como no quiso terminar de relatarlo, las maestras le hicieron repetir la experiencia de pararse frente a otros en reiteradas ocasiones. Esto fortaleció una creencia nuclear acerca de la amenaza que significaba la exposición frente a un público masivo.

"Se burlarán", "quedaré como un tonto", "no sé hacer esto", y otros pensamientos similares aparecieron. Como nunca más se expuso, este tema quedó encapsulado, pero cuando una situación similar se presentó, sus emociones de temor se reactivaron.

El pasado solo habla de eso. Lo que ocurrió no habla de lo que pasará. Hacer las paces con el pasado requiere:

- Perdonar. El perdón es una acción a través de la que se decide no evocar más el deseo de justicia sobre el otro, porque se elabora la idea de que no hay forma de satisfacer la justicia. No está relacionado con las emociones, aunque cuando se termina de procesar, genera buenas emociones. Se precisa paz, sobre todo. Perdonar es renunciar al derecho de justicia. No es algo obligatorio, pero debemos comprender que no perdonar es algo absolutamente obsoleto y solo perturba más la vida de las personas.
- Elaborar. Implica construir nuevas ideas sobre el presente y el futuro. Animarse a pensar que hay otras formas de vivir e intentar imaginarlas hasta lograr despojarse de las ideas que nunca se concretarán, debido a las pérdidas vividas.

Un colega médico, debido a una operación y una mala educación emocional, se hizo adicto a los derivados de heroína. Los dolores hicieron que el consumo se prolongara más de lo debido. Luego de mucho tiempo de trabajo, llegamos a la conclusión de que para continuar con su historia debía abandonar la especialidad que ejercía. Debía practicar la medicina lejos de espacios donde se manejaran esos productos, especialidades que no estuvieran relacionadas con la cirugía o la anestesia.

Poder imaginarse haciendo algo diferente le costó y le llevó mucho tiempo, hasta que al fin lo logró. Hoy ejerce su profesión sin problemas, pero en vez de ser médico, eligió fundar una empresa de servicios de salud.

3. *Debemos rodearnos de personas con personalidades sanas.*
Nuestras amistades influyen mucho en nuestras vidas, por eso, es tan importante su elección. Ellas comparten con nosotros los momentos más críticos, de decisiones, de alegrías, de tristezas... Cuando nos rodeamos de personas inestables, desarrollamos un estado de alerta continuo, ya que no sabemos de qué forma van a reaccionar. Muchas veces, sus decisiones afectan nuestras vidas y su personalidad impacta directamente en nuestro estado de ánimo y en nuestras determinaciones.

Las personas que nos rodean pertenecen a diferentes grupos:

- *Las que forman parte de nuestra familia (directa o indirecta):* La relación con la familia es parte de nuestro deber moral. El ambiente que bien o mal nos dio contención tiene derecho a relacionarse con nosotros por el afecto que se estableció. Sin embargo, lo ideal sería que la forma en la que les permitamos tener influencia sobre nosotros esté determinada por el nivel de sanidad de su personalidad. Poner límites no significa ejercer conductas violentas o proferir dichos ofensivos contra una persona, sino cuidarme y no permitir que sus palabras influyan en mi estado de ánimo ni en mis decisiones. El límite es una capacidad interna. Si las familias son tóxicas, podemos amarlas, pero no debemos dejar que influyan en nuestros pensamientos.
- *Las que forman parte de nuestro ámbito laboral:* El trabajo es un lugar muy especial, porque a él le corresponde el

crédito de la seguridad económica y, por lo tanto, muchas veces la familiar. Trabajar en un ambiente de personas inestables puede afectar nuestra salud de forma seria e irremediable. Tengo amigos cuyo agotamiento mental en sus trabajos les ha generado niveles de estrés tan altos que originaron diabetes. Saber vivir en el ámbito laboral no es comportarse como un ser odioso que no le presta atención a la gente, sino es relacionarse sin dejar que las personas afecten nuestras ideas ni estados de ánimo.

- *Las conocidas*: Son todas aquellas que forman parte de la vida cotidiana o no tan cotidiana, como, por ejemplo, el peluquero, el verdulero, el amigo de mi amigo, y muchos más.

- *Los amigos*: Las definiciones de amistad son tan variadas como personas existen. Cada uno genera su propia idea, y esto, muchas veces, es un verdadero caos, porque hay gente que cree que es amiga de alguien para quien es solo un conocido o compañero de trabajo. Los amigos pueden valorarse en distintos niveles de importancia y, en función de ello, las personas serán más o menos influidas por ellos. Nunca falta quien te exponga delante de otros como "su mejor amigo", y eso no es poca cosa, ya que lo que está expresando es que ha elegido darte el privilegio de influir sobre él de forma abierta y desinteresada.

- *Las que decidimos amar como parejas*: Son las personas a las que amamos como compañeros de vida y de proyectos. En este grupo se incluyen los que tienen o no una convivencia.

Sea cual fuere el nivel de relación, debemos aprender a valorar a las personas de acuerdo con su historia de vida y con su esfuerzo por desarrollarse. Esto nos permitirá no hacer juicios deliberadamente y a la ligera. En algunas ocasiones, nosotros somos los que permitimos que la opinión de otros nos afecte. Nosotros somos los que ponemos expectativas en los otros. Nosotros somos los que hacemos planes con otros sabiendo que sus capacidades de estabilidad no son suficientes para tener certeza sobre el cumplimiento de sus promesas. Nuestra mente debe rodearse de personas estables. Podemos vivir y convivir con aquellos que aún no han alcanzado esa estabilidad pero no pongamos en ellos creencias y expectativas de estabilidad si sabemos que todavía están en proceso de cambio.

Julieta vino con Nahuel a la consulta. Ella estaba muy enojada.

—Él volvió a consumir y ¡me robó plata de mi billetera! —soltó furiosa y así lo acusaba frente a mí.

Él sonrió y desvió la vista hacia la pared. Parecía que le daba gracia la sensación de ser acusado como un niño.

—¿Es cierto? —le pregunté mientras lo miraba de forma intrigante.

—Sí. Lo es —me contestó Nahuel.

—Entiendo, ¿qué quieres hacer entonces? —le volví a consultar pacientemente.

—Seguir intentándolo —me respondió.

—No, no te creo —replicó Julieta enfurecida—. No es cierto que quieres cambiar.

—Sí, lo es —le dijo él con calma.

—Doctor, ¿usted qué cree? —me demandó Julieta.

—Pues... no creo que Nahuel disfrute de este momento, creo que hay algo en él que le debe pedir un cambio —comencé a reflexionar.

—Pero... ¿cómo es posible que le crea? —me interpeló entre llorosa y arrebatada.

—¿Por qué no le creería? —pregunté.

—Porque un montón de veces mintió, y ¡¡¡le mintió también a usted!!!

—Sí, es cierto, pero yo sabía que él iba a tener dificultades para sostener sus declaraciones. ¿No lo sabías tú? —la miré fijamente y sondeé su rostro.

—Pensé que iba a ser más fácil —se desinfló.

—Entonces, el problema lo tienes tú, porque todos sabíamos que confiar en él iba a ser difícil y que tener expectativas de un cambio rápido era muy arriesgado. Ahora debemos seguir trabajando en la confianza de él y en la tuya.

No intentaba justificar a Nahuel, pretendía explicarle a Julieta por qué ella estaba tan enojada y yo no. Nuestras expectativas eran diferentes. Ella estaba apurada, porque él era su novio, tenía planes con él y necesitaba que estuviera estable. Yo no había hecho planes, para mí Nahuel estaba haciendo el proceso natural de toda persona que quiere salir de las adicciones. Julieta dejó que su mente se llenara con expectativas inmediatas sin tomar en cuenta la inestabilidad de Nahuel, por eso, ella estaba haciendo crisis.

4. Debemos practicar conductas funcionales y hábitos sanos.

Las conductas funcionales son aquellas que nos permiten desarrollarnos y alcanzar los objetivos que nos habíamos fijado. Por ejemplo: Muhammad Alí, un ex boxeador norteamericano, tres veces campeón mundial de los pesos pesados, en una entrevista, comentó que en sus duros momentos de entrenamiento se decía a sí mismo "sufre ahora y vive toda tu vida como un rey". A veces, las conductas funcionales hasta pueden ser desagradables y dolorosas, pero una vez cumplidas, nos darán una libertad de acción que de otra manera no tendríamos.

"Sufre el esfuerzo hoy y vive mucho mejor más adelante". Cuando las conductas se repiten de forma organizada y esforzada, se automatizan y se generan nuevos hábitos. Los hábitos son formas de conductas que tienden a repetirse frente a las mismas circunstancias. Cuando los hábitos se sostienen durante un determinado tiempo, se crea un estilo de vida. Finalmente, ese estilo de vida ayudará a determinar tu personalidad.

Marianela era una mujer de unos 45 años. Su sobrepeso complicaba su autoconfianza. Desde pequeña, había sido obesa. Por eso, desarrolló una mentalidad en la creencia de que esa era su personalidad. Sus múltiples esfuerzos nunca lograron que sostuviera un peso acorde con su estatura y su edad. Había pasado mucho tiempo intentando cambiar esto, al tal punto que transformó en un hábito hacer dietas e interrumpirlas, ir al gimnasio y abandonar, probar todo lo que le propusieran para ver si lograba conquistar lo que nunca había podido. El tiempo pasó, y Marianela desarrolló las conductas propias de personas con sobrepeso: se vestía de negro para achicar la visión de su cuerpo, no usaba malla en el verano y no asistía a lugares donde pudiera estar expuesta delante de otros. A los ojos de las personas, nadie hubiera dicho que Marianela sufría, porque siempre estaba alegre y nunca hablaba de estos temas. Cuando llegó a la terapia, ya no tenía deseos de hacer nada. Se había cansado de vivir. Llevó tiempo que ella se diera cuenta de su deseo de aprobación. En realidad, había desarrollado una conducta autosuficiente creyendo que no le importaba la opinión de los demás, que ella quería ser delgada, porque ese era su gusto.

—Si estuvieras en una isla completamente sola, ¿estarías interesada en verte delgada a pesar de que nadie te viera nunca más? —le pregunté.

—No, creo que no me importaría.

—¿Te das cuenta de que tu deseo es verte bien para lograr una buena opinión de los otros?

—Pero a mí no me importa la opinión de los otros —respondió muy segura.

—De eso es de lo que has tratado de convencerte para defender tu psiquis de la angustia. Se llama "negación". Pero la realidad es que tus síntomas dicen que estás cansada de no verte como crees que a los demás les gustaría verte —le expliqué.

Se quedó callada por un momento.

—No lo sé. ¿Qué tengo que hacer?

—Has desarrollado una creencia de ti misma que es necesario romper. Eso es un hábito de pensamiento, pero solo tú puedes saber si logras quebrarlo —le indiqué.

—¿Y cómo sería?

—En primer lugar, siempre has creído que tú eres una persona obesa, y esa es solo tu circunstancia. Debes aprender a visualizarte con otros logros. En segundo lugar, debes hacer esto por ti, no por los otros. Y no porque los otros no sean importantes, sino porque tú también eres importante y pocas veces piensas en ti. En tercer lugar, debes comenzar a practicar conductas sanas. Las dietas y los ejercicios son ocasionales en tu vida. Te das por vencida cuando te cansas y te convences de que eres obesa y de que los obesos lo serán siempre, entonces, tiras por la borda todo el esfuerzo, porque no puedes ver los logros. Debes repetir las conductas hasta que se conviertan en hábitos. Y debes sostener los hábitos hasta que se vuelvan parte de ti, hasta que formen parte de tu estilo de vida.

—Pero todo eso es muy difícil —protestó— y lleva mucho tiempo.

—Por supuesto que es difícil y que lleva tiempo, pero que sea difícil no significa que no sea el camino.

7. Somos vida, por eso somos importantes

Nuestra identidad es lo que somos. La vida que hay en nosotros, eso somos. Podemos llamarle espíritu o simplemente vida. Nuestra existencia solo puede ser o una creación o una situación fortuita del azar. Cada uno elige en qué creer, sea lo que sea que elija, deberá vivir de acuerdo con su sistema de creencias, de lo contrario, se estará contradiciendo a sí mismo, y ese es el principio de no creer en uno mismo, cuando nuestras vidas se concentran en situaciones o conquistas de las que en el fondo no estamos tan seguros. De acuerdo con el sistema con el que nos identifiquemos, formaremos nuestra identidad, y en función de esa identidad, organizaremos nuestras vidas para disfrutar, cuidar y extender la vida.

Para alcanzar este estado, podemos o bien concentrarnos en nosotros mismos, o bien enfocarnos en los otros. Esto generará distintos modelos de vida: con perfiles egocéntricos o con perfiles altruistas, y toda la gama de variedades que pueda haber entre estos dos polos.

Para poder desarrollar un determinado perfil de identidad, nos desenvolveremos con nosotros mismos y con terceros, y para esto desarrollaremos distintos tipos de personalidades. Una personalidad sana es aquella que logra los objetivos de vida que se propuso sin afectar la vida de un tercero.

Estas son algunas preguntas que pueden ayudar a desarrollar una correcta identidad:

1. ¿Cuál es mi origen? ¿Creo que soy creado o que soy

producto del azar? Recordemos que creer no es lo mismo que pensar. Podemos generar y hasta obligar a aparecer a los pensamientos, sin embargo, creer es aquello que me genera paz o una convicción interna más allá del pensamiento lógico.

2. **¿Cuáles son las prioridades en mi vida?** Existen prioridades reales y prioridades ideales. Las reales son aquellas en las que invertimos más tiempo, las ideales son aquellas en las que quisiéramos invertir más tiempo. ¿Las prioridades reales coinciden con las ideales? Al definir las prioridades, también se podrá ver si uno se concentra más en sí mismo o en los otros. Eso determinará si se concentra más en su propia vida que en la de los otros.

3. **¿Quisiera cambiar esas prioridades?** Eso deja expuesto el verdadero deseo. La respuesta dejará en evidencia el perfil de identidad que he desarrollado.

4. **¿Quisiera "querer cambiar"?** Muchas personas no tienen el deseo de cambiar las prioridades, pero se dan cuenta de que su forma de vida y de pensar no es el ideal de vida. Estas personas quisieran tener otros deseos. Quieren "querer".

5. **Todos los seres humanos vamos a morir algún día, unos antes, otros después.** Si pusieran una lápida en tu tumba, ¿qué te gustaría que dijera? Por ejemplo: "Aquí yace un hombre que supo amar a su familia" o "Este hombre vivió conforme a lo que creía". Esto es un epitafio. Si pudieras elegir, ¿qué te gustaría que dijera el tuyo?

6. **La pregunta más importante es en relación con la anterior, ¿estás viviendo como para que se pueda escribir eso?** Si no es así, ¿qué tendrías que hacer?

Las respuestas sinceras de estas preguntas te ayudarán a desarrollar quién eres y cómo debes vivir en función de quién eres. Eso te dará seguridad personal y la posibilidad de actuar con un buen nivel de autoconfianza.

CAPÍTULO 5

No dependa de la aprobación y aceptación de otros para confiar

1. Principios de confianza en uno mismo

La seguridad trae aparejado tranquilidad y paz. Esto es algo que todos buscamos de forma común, cuando algo no es seguro, aparece la ansiedad y junto con ella, ese estado de angustia subjetiva que muchas veces pasa desapercibido pero que nos molesta. Es por eso que muchas personas buscan la confirmación o reafirmación de sus decisiones con el objetivo de ver más claramente lo seguro de sus opiniones o decisiones.

Cuando esta dinámica se vuelve costumbre, se corre el riesgo de caer en la dependencia a la aprobación de terceros. Se deja de tomar decisiones basados en nuestras creencias y se pone como referencia la opinión de otros. Esto es algo riesgoso ya que se comienza a perder la confianza en uno mismo para tomar decisiones, y si se convierte en algo continuo puede llevar a la personas a hacer cosas aún contra sus propios gustos y deseos. Veamos algunos principios que fundamentan la importancia de no depender de la aprobación de otros:

1) Querer agradar no es patológico, pero ¿qué pasa cuando se hace una adicción?

Si no hemos aprendido que somos importantes tan solo por ser quienes somos, buscaremos en forma automática lugares que nos generen seguridad y contención, pero sobre todo, buscaremos lugares que nos provean de aceptación, afecto y aprobación. Esto no tiene nada de malo y hasta podría ser funcional y lógico. El problema aparece si la aprobación parcial de los otros, la parquedad en el afecto y la poca aceptación nos producen un estado de angustia disfuncional que nos deja atrapados en un mundo de permanentes indecisiones.

Cuando se establecen adicciones emocionales, las personas creen que "necesitan a sus parejas", "necesitan a sus amistades", "necesitan a sus familiares". Es común que renuncien a los propios deseos para satisfacer los de los demás, y hasta que lleguen a mantenerse en silencio por el solo hecho de evitar conflictos que puedan poner en riesgo la relación. La dependencia del beneplácito es una creencia de la necesidad que se tiene de los otros. Es muy común que se establezca entre familiares, amigos y parejas.

Como hemos explicado en el capítulo dos, al nacer, todos necesitamos afecto, aprobación y aceptación. Esto es necesario para que la psiquis incorpore con naturalidad la importancia que tenemos y para que desarrollemos una buena autoconfianza, esencial para desenvolvernos a lo largo de la vida. Cuando esto no ocurre apropiadamente, las personas buscarán de por vida la forma de lograr este tipo de seguridad, que, en primera instancia, radica en ellas mismas, ya que nadie necesita de nadie a no ser de Dios como fuente de vida.

En algún momento de nuestras vidas, todos queremos que nos aplaudan y que nos palmeen la espalda diciéndonos "espectacular, muy bueno lo tuyo". Sin embargo, lo peligroso es hacer de ese deseo una motivación casi adictiva que puede convertirnos en personas que esperan el consentimiento para poder continuar, que miran de reojo la cara de los otros cuando toman decisiones, que preguntan mucho antes de realizar alguna acción. Si alguien no estuviera de acuerdo con ellos, pueden enojarse y considerar su opinión como agresiva, hasta pueden interpretar que se lo hicieron a propósito.

Cierto día, estaba mirando un programa de televisión. Se trataba de un concurso de baile donde un jurado juzgaba la actuación de los participantes. Una de las parejas bailó y cuando finalizó, esperó la calificación. Lo había hecho muy bien, sin embargo, uno de los jueces no consideró que ciertos pasos fueran los adecuados ni que la interpretación fuera la correcta, por eso, la calificó con un cuatro. A continuación, sobrevino una fuerte discusión entre uno de los participantes de la pareja con el juez:

—Me lo haces a propósito, me tienes bronca, pero no te preocupes, todo vuelve en la vida —soltó el joven bailarín.

Desear agradar a los demás no es algo malo, el conflicto surge cuando el objetivo no se logra, entonces, se genera una crisis emocional. El problema es vivirlo como un fracaso o una catástrofe, o interpretar que siempre deben aprobarnos o protegernos. Buscar continuamente la aprobación de los otros es desgastante y hace que deje de ser importante lo que pensamos de nosotros mismos. Romper con la dependencia de los que nos rodean y con sus opiniones sobre nosotros es la base para animarnos a fracasar y así correr riesgos para tener la posibilidad de lograr nuestras metas.

La dependencia de la conformidad empuja a vivir con ansiedad. En forma permanente, se está alerta sobre si se logró el cometido de agradar. Esa ansiedad se hace crónica y genera un estado de continuo malestar, un ánimo perturbador, una grieta en las relaciones, el alejamiento de las personas. Y todo esto trae como consecuencia el aumento de la necesidad de agradar. Este es el círculo de la dependencia de la aprobación, solo aumenta de forma patológica el deseo de ser aprobados y aceptados.

2) La aprobación de los otros produce seguridad, pero podemos correr riesgos.

Obviamente, nos sentimos mejor si los demás apoyan nuestras decisiones y acciones. Eso nos coloca en un ambiente de aceptación y nos hace sentir seguros. La seguridad es necesaria, ya que es el único estado en que nuestras mentes descansan. Cuando hay riesgos, nadie puede descansar, porque necesitaríamos mayor atención y capacidad cognitiva para solucionar problemas. Cuando nos encontramos en contextos donde entendemos que no hay peligro, ingresamos en una sensación de satisfacción y placer, estado que puede ser adictivo si no aprendimos a tener confianza en nosotros mismos para manejar las situaciones.

Recuerdo que en mis primeras guardias como psiquiatra, solía estar en compañía de colegas que me ayudaban en los pasos iniciales. Su asentimiento sobre mis decisiones me animaba y me daba confianza. Una noche, me quedé solo en la guardia. Nada fue igual, tenía que tomar decisiones por mí mismo y no había nadie que me dijera si lo que estaba haciendo estaba bien. Esa noche, no dormí bien, estuve muy alerta y recuerdo que rogaba que la guardia terminara rápido para irme de ese lugar. Sin embargo, cuando se cumplió el tiempo, pude observar que todo había salido bien.

Es cierto que cuando nos aprueban nos sentimos más seguros, pero podemos correr riesgos. Somos capaces de hacerlo por nosotros mismos y si, por algún motivo, no lo somos, nos capacitaremos hasta serlo, pero tenemos el potencial para lograr todo lo que nos propongamos, solo es cuestión de esfuerzo y valentía para arriesgarse.

3) La aprobación de los otros nos hace sentir aceptados, pero es más importante ser aceptados por nosotros mismos.

La aceptación es un acto voluntario. Pretender que nos acepten es ir hacia el rechazo. Cuando alguien no nos acepta, simplemente, nos está rehusando. Sin embargo, si decide rechazarnos de forma abierta y directa, eso no habla de nosotros, sino habla de la otra persona. Nos dice algo de su capacidad de tolerancia, de su capacidad de relacionarse, de su insuficiencia afectiva y, probablemente también, se trate de un mecanismo defensivo a través del que se rechaza primero para no ser rechazado después; de esa forma, se toma el control de la situación. Sin embargo, las únicas aceptaciones que debemos buscar son la de Dios y la nuestra propia. El motivo es que podemos vivir bien a pesar de que no nos acepten. Ahora bien, si no nos admitimos a nosotros mismos, se generará un conflicto psíquico que nos pondrá en un estado de alerta continuo porque se verá en un continuo estado de expulsión. Si la persona se expulsa a sí misma todo el tiempo, estará en un estado de constante conflicto y ansiedad.

La autoaceptación es un acto voluntario. No hay muchos pasos para dar, solo tomar la decisión de hacer las paces con uno mismo. El principio es el mismo que usamos cuando alguien nos da un vaso de agua, extendemos nuestras manos y lo tomamos. No se trata de desearlo o no, solo se trata de tomarlo. De la misma forma, debemos hacer con nosotros: solo decidir que somos lo que somos, que esta es la historia que tenemos y que no hay dónde correr. Podemos aceptarlo y tratar de mejorar o pelear de forma inútil y tratar de deshacernos de nosotros mismos; algo que será inútil, ya que no se logrará. Todo lo que conseguiremos es que el tiempo pase y que nuestro estado emocional empeore.

Hay un cantante de música cristiana que se llama Marcos Vidal. Hace ya un tiempo, él escribió una canción que se titula "El payaso" y creo que refleja de forma clara un ejemplo para entender este punto del capítulo, dice así:

Era capaz de hacer a un niño reír sin parar,
tenía ocurrencias tan geniales, solo él era capaz.
La cara pintada de colores y en la mano un violín,
que sonaba más o menos, pero hacía reír.
Y el caso es que en el fondo era un infeliz,
le parecía ridículo pintarse la nariz,
lucía mucho más un salto mortal y él quería
ser equilibrista y oír sobre la pista ovaciones
en vez de tanto reír.

Nunca supo asumir su posición, sin darse cuenta
que hacía feliz a tantos en su papel de Cenicienta.
Que si un día faltase en el circo, llegaría a su fin
que nunca sería el mismo sin su violín.
Pero él seguía empeñado en ser infeliz,
se veía tan ridículo pintada la nariz,
soñaba todavía con el trapecio, pretendía
ser equilibrista y oír sobre la pista ovaciones
en vez de tanto reír.

Fue una mañana blanca, invernal, tras el ensayo,

no pudo resistirlo más, se subió en el travesaño,
y al verse en la altura sintió subirle el vértigo hasta la nuez,
y no habían puesto mallas la última vez...
apenas sintió nada cuando cayó,
el domador, que regresaba, fue el primero que lo vio.
Logró salvar la vida y un mes más tarde le dijeron:
"Todo ha terminado, el circo ha cerrado,
ya no venían niños a la función".

Hoy vive retirado en algún lugar, en las afueras,
pegado día y noche a su silla de ruedas,
parece que ha terminado aceptándose por fin,
que incluso algunas veces toca el violín.
Diez niños lo visitan y lo hacen feliz,
cuando los ve llegar a lo lejos, se pinta la nariz.
Y cuando alguno se burla con desprecio, él contesta:
"Sería un miserable, sería yo el culpable,
si no cumpliese la misión que recibí.
Porque aunque fui un fracaso,
soy de profesión payaso,
no me juzgues mal, Dios me hizo así".

4) *El placer puede ser parte del camino, pero no es el objetivo.*
Pretender sentirse siempre bien es un buen anhelo, pero si ese es el objetivo con el cual se vive, seguramente, se van a experimentar muchas frustraciones y desilusiones, que provocarán un estilo de vida enfermizo. Las personas que buscan de forma continua la aprobación de los demás, muchas veces, sienten cierto placer en eso y se hacen adictas al consenso o se vuelven dependientes emocionales. El obstáculo es que se pierde el objetivo o la meta establecida, que es lo que debe ser funcional y productivo

tanto para uno como para terceros, y se focaliza en la satisfacción de los otros, aun a costa del propio desarrollo.

Damiana tenía 23 años cuando llegó a la consulta sin que nadie supiera ya que no quería que se enterara su madre.

—¿Por qué tienes que hacer esto a escondidas, Damiana? —le pregunté después de que me relatara la situación en la que estaba.

—Mi madre no está tan de acuerdo con que busque ayuda, y no quiero tener problemas con ella. Ella dice que se me va a pasar.

—¿Qué es lo que se te va a pasar? —quise averiguar.

—Mi tristeza.

—¿Sabes por qué estás triste, Damiana?

—No lo sé con exactitud, creo que está asociado a mi novio. No sé si quiero seguir con él, pero todos me dicen que es un chico excelente, y nuestras familias son muy amigas, nos conocemos desde pequeños.

—Si no quieres estar con él, ¿por qué sigues?

—Por mi madre y mi padre. Peter les cae muy bien, y ellos siempre me dicen que están felices de que yo vaya a formar una familia con él.

—¿Qué pasaría si decides tomarte un tiempo para pensar en la relación?

—No, eso no puedo ni pensarlo, mis padres sufrirían mucho, y ni hablar de Peter y su familia. No soportaría sus miradas y su desaprobación.

—Y prefieres seguir con esta angustia…

—Es que cuando estoy con ellos, se me pasa. Me hacen sentir bien. Y al verlos tan contentos a todos, eso me hace sentir bien. El tema es cuando estoy sola, que me pongo a pensar en todo lo que quisiera hacer y no hago por esta situación —me explicó.

Damiana había negociado sus proyectos por la sensación de bienestar que le generaba ver a sus padres conformes. Con el tiempo de entrenamiento emocional, ella pudo comprender la importancia de avanzar por convicción y no por temor a ser desplazada. Ella evitaba esa sensación de rechazo y saberse a salvo de esa situación le generaba placer, pero no un estado de bienestar tan fuerte como para que cuando estuviera sola no se sintiera frustrada. Damiana habló con sus padres y con su novio. Ellos se pusieron algo tristes, pero comprendieron su posición.

5) La mirada de los otros es importante, pero la propia también vale mucho.

Aprender a no depender de la aprobación de los otros para afianzarnos en nuestras convicciones es muy importante, sin embargo, eso no significa que sus opiniones no sirvan. Sería necio creer que todo lo que pensamos es la única verdad, tenemos que investigar y escuchar otras opciones. Los que nos rodean, muchas veces, tienen buenas intenciones, y quizá, sean sabios en lo que opinan o nos dicen. Para todos, es bueno tener un grupo de personas que funcionen como confesores o consejeros. Gente de confianza que pueda testimoniar con su vida lo que opina con su palabra. (No puedes pedir consejos a quien no puede demostrar con su vida lo que asegura con sus palabras, puedes hablar, sí, pero su credibilidad estará en duda).

Si bien estas opiniones son muy importantes, no deben ser determinantes. Es bueno escuchar el consejo de alguien sabio, su opinión y su mirada son buenos aportes para sumar elementos a nuestras acciones. Sin embargo, si se vuelven determinantes, dejamos de tener la administración de nuestras vidas y la entregamos en manos de otros. Nadie puede saber mejor que nosotros nuestras peleas, nuestras guerras, nuestras luchas internas. Por más que intentemos explicarlo, nadie podrá evaluar nuestra historia mejor que nosotros mismos. De los seres humanos, nuestra opinión es la más importante. Digo de los seres humanos porque el mejor consejo, incluso mejor que el nuestro, es el consejo de Dios. (Personalmente, creo que quien aprende a consultar a Dios, tendrá éxito en todo lo que emprenda).

Nunca consideres la opinión de los demás más importante que la tuya. Por más que comparen, nunca tu historia será igual a la de los demás. Pero nunca tomes decisiones o posturas basándote solo en las emociones. Eso sería poco inteligente, ya que las emociones son vulnerables y cambiantes.

Un ejemplo de esto lo viví en forma personal cuando decidí venir a la ciudad de Córdoba a estudiar Medicina. Muchos de mis compañeros de secundario se quedaban en la ciudad donde me había educado, Río Tercero. Salir a la gran ciudad era un desafío. La idea de algunos de los que me aconsejaban era que viajara diariamente, ya que la distancia, entre una ciudad y otra es de 100 km y muchos habían hecho una carrera en esta situación. A pesar de que sería un gran esfuerzo para mis padres, yo sabía que viajar me iba a cansar rápidamente, y mi carácter todavía no estaba entrenado como para sostener ese tipo de esfuerzo y frustración. Por lo que a expensas de las opiniones de gente muy amada por mí, decidí vivir en Córdoba, ciudad donde aún resido. Las personas que con tan buena intención me aconsejaban no conocían mis inquietudes, ni mis incapacidades más profundas como la de no resistir gran tiempo una disciplina tan severa como para viajar 200 km diarios y sostener un estudio. Ellos me animaron con la mejor intención, pero no era lo que me convenía. El tiempo lo demostró y pude cumplir mi meta.

6) *La mirada de otro puede ayudar, pero no es fundamental.*

Algunos están acostumbrados a pedir opiniones, lo hacen como un mecanismo ya incorporado. Terminarán tomando sus propias decisiones y no dependerán de lo que los otros digan o quieran, pero de forma inconsciente, se han acostumbrado a pedir otros juicios. Quizá, lo hagan para reforzar su creencia de seguridad; quizá, para agradar; o ya hayan superado las opciones anteriores, pero se acostumbraron a hacerlo y ahora es parte de su rutina. Como sea, a veces, pedir otros puntos de vista se convierte en una especie de obsesión, y pareciera que si no nos dicen lo que piensan, no podemos avanzar.

La mirada de los otros es importante, pero bajo ningún tipo de circunstancias es fundamental, salvo que se trate de la historia de ellos.

—¿Cómo me queda esta camisa? —le preguntó Marian a su amiga.

—Me gusta más la de color azul, te va a hacer más joven —contestó amablemente Laura, la amiga que acompañaba a Marian a hacer compras.

—¿Seguro? Yo creo que es mejor este color ocre, además, el estilo de las mangas me gusta mucho —insistió Marian.

—Sí, puede ser, pero me gusta más la otra —confirmó tranquilamente Laura.

—Pero... ¡es que ya tengo una blusa azul parecida a esa camisa! Dime si te gusta esta otra —replicó Marian con irritación.

—Sí, es linda —contestó Laura algo cansada de dar opiniones.

—Pero no te gusta tanto, ¿no?

—No, me gusta más la azul.

—No entiendo, esta es más linda. ¿Qué tiene la azul que no tenga esta?

—Marian, la camisa es para ti, elige la que quieras, me pediste una opinión y solo te la di.

En algunas ocasiones, queremos que opinen, pero queremos que nos den la respuesta esperada. En otras, no logramos avanzar si no nos dicen que está bien, que la nuestra es una buena decisión, elección o acción. Sin embargo, esta dinámica no es más de lo mismo. Se trata de personas que tienen la necesidad de recibir la aprobación de los otros, sin darse cuenta de que la opinión más importante es la de ellas mismas, la que concuerda con sus creencias personales.

2. Podemos agradar a algunos, pero no podremos agradar a todos

Para muchas personas, es muy difícil soportar las críticas, y se desmoronan, se llenan de furia. Desarrollan peleas internas con los otros y justifican las decisiones y acciones realizadas. Pero las críticas forman parte de las relaciones interpersonales. Pretender que no sea así es pretender que el ser humano sea perfecto y, aunque esto sea un buen deseo, es algo utópico e irreal. Los comentarios siempre van a existir, y las personas que los hagan siempre estarán.

En mi caso, trabajo mucho con la red social Facebook, no porque me parezca algo excepcional, sino porque es la que usa la mayoría. Mi trabajo no es para un intercambio relacional o para hacer amistades. Eso no está mal, pero yo la uso para escribir los

"Pensamientos del día". Es interesante leer las opiniones que allí aparecen. Esos son mis pensamientos, y los expongo públicamente. He observado que en este tipo de redes sociales virtuales las personas participan de dos formas: o escriben sus comentarios o escriben opiniones sobre los comentarios de otros. Siempre existirán esos dos grupos: los que hagan y los que se dediquen a opinar sobre lo que los otros hacen. Los opinólogos siempre formarán parte de nuestra sociedad. Pretender que ellos no estén es pretender y demandar una irrealidad.

Las críticas pueden ser constructivas o destructivas. La diferencia está en la intencionalidad de quien las dice. Las que ayudan a edificar son opiniones basadas en el amor o en la intención de contribuir con nuestro progreso. Las otras son aquellas que están sostenidas en la envidia o en la intención de desmotivar o desanimar. Es fácil diferenciar entre una u otra intención. Lamentablemente, nosotros no podemos impedir que quieran criticarnos para desanimarnos o desalentarnos, pero nosotros podemos tomar las críticas con la mejor disposición de nuestra parte. Si es correcta y estamos de acuerdo, podemos crecer; pero si vemos que tienen intenciones destructivas, podemos perdonar y continuar.

Siempre habrá comentarios sobre lo que hacemos o dejamos de hacer, mucho más cuando comienzan a notarse nuestros logros. Nadie puede pretender estar en una vidriera y que la gente que pase por allí no mire y opine. Si alguien quiere ser público o popular, será más fácil que se hable de él. Las intenciones de quienes critican pueden ser dañinas, pero su alcance lo decidimos nosotros sostenidos en una actitud interna de creer en quiénes somos y en lo que nos fue depositado como seres humanos.

Veamos algunas pautas que pueden ayudarnos en el momento de reaccionar:

1. **Identifique bien la intencionalidad de la crítica.** Es fundamental que podamos leer detrás de las palabras de quien critica la verdadera intencionalidad. Muchas personas no saben expresarse y por más que se refieran a nosotros con palabras altivas o descalificadoras, estas a veces esconden una verdadera intención de ayudar. Pregúntese: ¿Por qué me cae mal lo que me dice? ¿Por su intención o por su opinión? Si esto me lo dijera alguien a quien amo, ¿cómo lo tomaría? Si es sincero, va a poder filtrar muchas críticas que considera como destructivas y tendrá elementos para edificarse. Si por el contrario estas no tienen fundamento o son mal intencionadas, solo déjelas donde las encontró. Avance de acuerdo con su convicción.

2. **Aprenda a ser más relajado con usted mismo.** Si se equivoca, no se reproche. Aprender a reconocer los errores sin tanto dramatismo permite que los demás se acerquen con más facilidad. Todos acordamos en que resistimos a las personas que no quieren ver sus errores y no quieren aceptar las opiniones de los otros. ¿Por qué convertirnos en esas personas? Anímese a reírse de sus tonterías, a reconocer sus errores y a disfrutar del crecimiento que significa encontrar situaciones para mejorar.

3. **Aprenda a mirar a las personas que lo critican.** Hay personas que canalizan sus problemas personales a través de la crítica a los demás. Recuerde que quienes tienen este estilo de vida intentan ocultar el temor a ser rechazados. Una de las dinámicas que utilizan es focalizarse en los errores de los demás para que nadie preste atención a sus errores. Otra dinámica es la de descalificarse y, al no poder

elevar su nivel de aprobación, en consecuencia, descalifican a los demás para que estén a su mismo nivel. Si no pueden subir, hacen bajar a los otros. Piense en esto y verá que, en realidad, es un problema de los otros.

4. **No sea duro con quien lo critica.** Una mala actitud hacia quien lo critica puede empeorar la situación. No se trata de congraciarse y cumplir todos sus gustos, pero tampoco se trata de maltratarlo y posicionarlo como un enemigo. Si somos astutos, aprenderemos de esas situaciones para perfeccionar nuestro carácter y, de esa manera, obtendremos seguridad de nosotros. Pero si tenemos una actitud agresiva, las reacciones serán peores y a las críticas se sumarán los malos tratos.

5. **Focalícese en que las personas más admiradas también fueron criticadas.** Jesús fue criticado por predicar el amor. Los religiosos de su tiempo lo acusaban de tener intenciones funestas contra ellos por envidia y celos. Las grandes personalidades de la historia fueron criticadas por muchos de sus pares, pero eso no las detuvo, sino que les sirvió para aumentar el peso de sus logros. A mayor adversidad, mayor el peso de la gloria.

6. **Asegúrese de que cuando se siente a escuchar las críticas de los otros, esté en buena forma física y mental.** Hay personas que no tienen reparos en hablar en cualquier momento con cualquiera que se les cruce. Eso no es inteligente. Cuando sepa que alguien quiere hablar con usted e intuye que es probable que no sea para felicitarlo sino para disentir, tómese un tiempo para descansar y para

estar en condiciones emocionales. A veces, el cansancio físico predispone a un mal estado de ánimo, y eso puede provocar distinto tipo de reacciones. Cuando alguien quiera acercarse para opinar sobre algo y le pida un tiempo para hablar, asegúrese de citarlo cuando esté en buenas condiciones físicas y mentales para hacerlo.

7. **Evalúe la crítica.** Muchas veces las críticas son solo manifestaciones de gente pesimista y negativa, y si mira con atención, la mayoría no piensa así. Pero si ese es el caso, su desafío será no dejarse afectar. Si por el contrario, las sugerencias u opiniones son coherentes, el desafío será aprender a reconocer sus errores y ceder al pedido de cambio.

8. **Sepa que la perseverancia calla la murmuración.** Si las personas opinan mal, si creen que usted no podrá sostener sus decisiones, si esperan que se desmotive, sepa que la perseverancia calla las murmuraciones. Cuando tome caminos que la mayoría no hubiera tomado y escuche palabras de condena por romper parámetros y reglas debido a su convicción (no a la rebeldía), sepa que la perseverancia calla las murmuraciones. Estas son habladurías. Son las críticas mal intencionadas, porque no son expuestas de frente. Cuando le lleguen murmuraciones, solo sostenga su posición. La persistencia en el tiempo traerá sus frutos. No se empecine en tener la razón. No convierta su motivación original en una bandera de orgullo. No entre en una guerra de razones. Solo sostenga su postura si es que está convencido de ello. Persevere.

9. **Pase tiempo con personas optimistas.** No se trata de

discriminar, pero cuando se trate de escoger, elija personas que tengan buenas intenciones de cambio. Anímese a rodearse de valientes, que no les teman a los riesgos que tienen un propósito, que sean personas con las cuales pueda dialogar y motivarse. Evite los grupos donde hablar de los demás es moneda corriente y una dinámica de entrenamiento. Eso le traerá temores y desconfianza, ya que si usted critica con ellos a los demás, ¿qué le asegura que no lo harán con usted? Usted lo sabe y ese conocimiento es el que hace que tengamos miedo a abandonar esos grupos para no ser criticados. No les tema a las observaciones, témale a no reconocer sus errores.

10. **Concéntrese en sus metas, no en las críticas.** Muchos, cuando se sientan en el banquillo de los acusados o se sienten expuestos, rápidamente intentan cambiar la dirección de sus propósitos para no sentirse apuntados o señalados. No cambie su posición, modifique su enfoque y su actitud ante las críticas. Concéntrese en su camino, no escuche lo que están diciendo, solo mire hacia donde se dirige.

3. Pautas para no depender de las personas

A veces, somos conscientes de que no debemos caer en la dependencia de los demás y nos enojamos si no podemos dejar ciertas conductas automáticas, como esperar o la opinión positiva de alguien, o su acompañamiento, o su apoyo para hacer algo que queremos. Sin embargo, sin darnos cuenta, allí estamos nuevamente: mirando si nos miran, llamando para que vengan, preguntando para escuchar qué opinan.

¿Cómo hacemos para no ser dependientes? Veamos algunas pautas fundamentales para no caer en esta tramposa dinámica:

1. **No idealizar a las personas.** Uno de los errores más comunes es idealizar a las personas de quienes esperamos reconocimiento. Tenemos dificultades para registrar los errores de ellas y creemos que sus opiniones son infalibles. Las ponemos por encima de todo y, por lo general, cuando alguien quiere decirnos algo sobre ellas, nos enojamos.

2. **Escuchar las ideas del otro como ideas dentro de otras ideas.** La idealización nos impide ver otras posibilidades, aparte de las de las personas de cuya aprobación dependemos. Tanto de una madre, un padre, un novio o novia, un esposo o esposa, amigos, jefes o familiares. Sea quien sea la persona idealizada tendrá toda nuestra atención, y consideraremos sus ideas como únicas y especiales. Esto es peligroso, ya que perdemos de vista otras opiniones o pensamientos y, además, al no tomar decisiones por cuenta propia, anularemos nuestra autoconfianza.

3. **Esperarlo todo de todos.** Las idealizaciones traen grandes decepciones, ya que nuestra mente no está preparada para ver los errores o reconocer los maltratos de quienes idealizamos por lo opuesto. Cuando creemos que alguien no puede fallar o tener opiniones erróneas, nos expone a la posibilidad de decepcionarnos, ya que todos pueden cometer errores y el problema es que esa decepción trae desgano y desmotivación de seguir confiando luego en otros. Aprender a esperarlo todo de todos nos permite no decepcionarnos y no sufrir angustias. Una madre puede

amar, pero algunas madres también han abandonado a sus hijos. Eso puede pasar. Un amigo puede contener, pero también hay amigos que han traicionado. Eso puede ocurrir. Una novia puede amar, pero también hay novias que han traicionado. Eso puede suceder. Esperarlo todo de todos no es una posición negativa, sino realista. No tiene que aguardar lo malo, puede llegar lo bueno, pero hay que estar preparado sabiendo que lo malo puede suceder. Esto ayuda a no sufrir grandes angustias si somos desaprobados por quienes idealizamos. Si un amigo me dice que no quiere venir a mi cumpleaños, no quiere decir que yo no le importe, puede tener otros significados. Si no me llaman cuando estoy enfermo, no significa nada específico. Si aprendemos a entender que las cosas pueden ocurrir y a concentrarnos en lo que realmente sucede y no en lo que puede llegar a pasar, ya que todo es posible, entonces, viviremos más tranquilos y con menos decepciones.

4. **No hacer comparaciones.** Si usted toma decisiones que otros no toman, si piensa en cuestiones que otros no probarían, si hace algo que otros no harían, es entonces cuando tiene que pensar que su historia es solo suya y que no tiene comparación. Las comparaciones son injustas. Nadie tiene la misma historia. Las situaciones y los antecedentes siempre son distintos, aun entre hermanos dentro de la misma casa. No pretenda ni desee hacer las cosas como las hacen los demás, ya que perdería la esencia de ser usted para ser una copia. Usted no fue creado como copia, Dios no le pide que copie a nadie, solo a Él. No se pierda en los ideales de los otros. Concéntrese en su propósito y haga el camino que solo usted sabe que debe hacer. Usted no

tiene comparación, así que no busque hacer lo mismo que otros hicieron o harían. Usted es usted. Los logros de los demás son logros que pudieron aplicarse a la vida de los otros. Cuando quiera tenerlos en cuenta para motivarse, hágalo, pero no le servirán para medirse y ponerse un calificativo de aprobado o desaprobado.

Recuerdo en una oportunidad que una madre le decía a su hija en el consultorio adelante mío: "Yo a tu edad ya había terminado la carrera y ya había tenido un hijo".

No caiga en esa trampa, no permita que lo aprueben o desaprueben de acuerdo con una medida que no es la suya.

5. **No medir el futuro por los fracasos.** Un error común es hacer especulaciones sobre el futuro en relación con el pasado. El pensamiento es algo simple: "Si siempre me fue mal, en el futuro será igual". Este tipo de razonamiento se basa en una plataforma, la de no hacer nada para cambiar. Para romper esta situación, hay que aplicar el principio de Albert Einstein. Él afirmaba: "Si buscas resultados distintos, no hagas siempre lo mismo". No te quedes con las acciones del pasado, el futuro puede ser diferente si haces cosas diferentes, solo tienes que decidirlo, pero si sigues actuando de la misma manera, entonces, tendrás asegurado el mismo resultado. La elección es tuya.

Víctor Hugo, un novelista francés, pensaba: "El futuro tiene muchos nombres. Para los débiles, es lo inalcanzable; para los temerosos, lo desconocido; para los valientes, es la oportunidad".

6. **Su nivel de crecimiento no debe estar perjudicado por el vínculo que tiene con los otros.** En ocasiones, las relaciones terminan siendo perjudiciales, pero nos da pena decirle no a alguien, o pedirle que no venga por un tiempo, o no hacer lo que nos sugiere. El motivo de esta pena es que amamos mucho a esa persona y no quisiéramos lastimarla o desilusionarla o, simplemente, no quisiéramos tener una discusión. Sin embargo, nunca una relación afectiva puede estar por encima del crecimiento personal. Tener diferencias y sostener las convicciones, no es algo malo. Si tenemos amigos a quienes les cuesta que no acordemos con sus comentarios u opiniones o sugerencias, en ese caso, ellos tendrían que leer esta sección del libro. No permita que, por querer quedar bien, se obstaculice su desarrollo. No hace falta que sea grosero o descortés, con naturalidad, con un buen modo de abordar y tratar los temas, podemos disentir o no estar de acuerdo. La sonrisa siempre funciona, y un "disculpa si te ofendo" sincero, siempre es correspondido por los otros. Si no es así, el problema no lo tenemos nosotros, sino los demás.

7. **Los demás no tienen lo que le falta, usted lo tiene todo.** Las personas tienen la posibilidad de abrirse camino en medio de la adversidad, a pesar de tener dificultades físicas o mentales. Creer que los demás tienen lo que nos falta es riesgoso, ya que convertiríamos la vida de los demás en necesaria e imprescindible para la nuestra. No dependemos de la gente, podemos alegrarnos con ella, recibir su ayuda, pedirle consejos, pero no depender. Usted tiene lo que necesita, Dios lo creó completo.

8. **No deposite en los demás más de lo que debe, para no quedar sujeto a ellos.** Al idealizar a otras personas, depositamos nuestra esperanza o nuestros sueños en ellas. Cuando eso pasa, quedamos sujetos emocionalmente, porque toda nuestra estructura psíquica está basada en las ideas que tenemos sobre ellas. Esto lo he visto, por ejemplo, en chicas que se enamoraron y construyeron sus sueños alrededor de los novios. Sus mentes estaban atadas a la vida de ellos, no podían ni siquiera imaginar la idea de no tenerlos. De pronto, si algo cambiaba, las chicas se derrumbaban, se desmoronaban. Confiar no está mal, el problema es no saber esperar todo de todos; es creer que sin los demás no podemos avanzar; es dejar nuestras vidas sujetas a las ideas de los demás. Soñar y confiar es hermoso y muy saludable, pero siempre debemos tener la capacidad psíquica de saber que contamos con la posibilidad de alcanzar los propósitos por los cuales existimos por nosotros mismos.

4. Cinco principios para las relaciones interpersonales

Si bien la dependencia de aprobación es una actitud extrema en las relaciones, tampoco debemos irnos al polo opuesto, como un efecto de péndulo. Las relaciones interpersonales son fundamentales en la vida, por lo tanto, aprender a relacionarnos será importante en nuestro plan de alcanzar metas.

En relación con este capítulo, he considerado 5 puntos en los que es necesario ser entendidos y prácticos:

1. **Pedir perdón no nos hace débiles.** Si una persona no

reconoce sus errores, pone en dificultades a los demás, los aleja y hace que no quieran tratarla. Si actuamos de este modo, es fácil que no nos aprueben, que nos critiquen, que hablen mal y otros tantos problemas. Por eso, en cuanto dependa de nosotros, pidamos perdón si hemos ofendido. A veces, no somos culpables de ciertas situaciones, pero si pedir perdón nos libera, es más inteligente hacerlo que dejar la situación librada al azar. Pedir perdón no nos hace débiles, ni nos humilla, ni nos coloca en el lugar de culpables, solo habla de nuestra intención. Todos quieren gente así a su alrededor, si usted quiere que hagan eso con usted, pues hágalo con los otros y verá resultados sorprendentes. No caiga en la necesidad de aprobación o perdón que es el polo opuesto de ese péndulo, solo sea sincero y simple en el pensamiento con los demás. Si alguien no quiere perdonar, tiene más problemas que usted.

2. **Tratar a los demás como le gustaría que lo traten a usted.** Jesús enseño lo que los teólogos llamaron la "regla de oro". En el libro de Mateo, capítulo 7: verso 12 él dijo: "Por lo tanto, todas las cosas que quieren que los hombres les hagan, también ustedes de igual manera tienen que hacérselas a ellos; esto, de hecho, es lo que significan la Ley y los Profetas". Este principio está basado en la empatía. Literalmente, empatía significa "ponerse en la piel del otro". Si logramos pensar de este modo, será fácil saber cómo tratar a los demás, ya que haremos lo que queremos que hagan con nosotros, trataremos como nos gustaría que nos traten a nosotros. Este principio es un principio de sabiduría. No todos están dispuestos a ceder, pero todos pretenden que sí se haga con ellos. Trate a los demás

de la misma forma en la que usted quiere que lo traten, lo que siembre en los demás, usted podrá cosecharlo con el tiempo.

3. **No rogar, pedir con firmeza.** Demostrar cierta actitud de seguridad. La duda genera duda. Si alguien pide con duda, se le responderá con duda. Si alguien no sabe qué quiere, no sabe qué conseguirá. Si alguien sabe lo que busca, lo encontrará. Cuando queremos algo del otro, pidamos con firmeza demostrando seguridad de quererlo. Esta conducta genera respeto hacia nuestro pedido por parte del otro. Lo contrario ocurre frente a una actitud lastimosa. La sociedad ha sido víctima de grandes estafas emocionales. Cuando alguien se acerca a pedir de forma lastimosa, solo consigue más rechazo y resistencia. Eso es porque todos piensan que pueden ser víctimas de ser manipulados emocionalmente por ceder a los pedidos de los otros. Cuando necesite que alguien haga algo por usted, no ruegue suplicando, hable con firmeza, con decisión, con serenidad, con respeto, pero no intente manipular las emociones de los demás, ya que ese tipo de conducta solo tiene un efecto temporario. Se respeta a los esforzados, a los valientes, a los que no se detienen antes las adversidades. Se puede ayudar a alguien en el camino y hasta enseñarle y entrenarlo para que conquiste sus metas, pero si opta intencionalmente por una conducta manipuladora para lograrlo, generará en los demás lo que tanto temía: rechazo y abandono.

4. **No esclavizarse, respetarse.** Desear agradar no es convertirse en esclavos. Hay un término justo para el trato en las relaciones: el respeto. El respeto es la capacidad de

cuidar los derechos de los demás como si fueran propios. Es asegurarnos que las otras personas sean tratadas conforme a sus derechos, pero ese respeto no implica resignar los propios. Recordemos que el principio de la convivencia es que los derechos de cada uno terminan donde comienzan los de los demás. Cuando por temor al rechazo, a caer mal o a ser excluido, hacemos lo que los otros desean, podemos quedar atrapados en los caprichos de terceros. Respetar no es esclavizarse, simplemente, es saber que todos, incluso usted, tienen derechos. Úselos.

5. **Si hay agresión en el ambiente, ponga límites a su alrededor.** A veces, las personas creen de forma equivocada que hay que poner límites. Este es un tema muy delicado. Eso sería una invasión a los derechos de los demás. Yo no permito que nadie me ponga límites. Soy un hombre libre, mi libertad me protege. Entonces, ¿qué es poner límites? Las limitaciones nos protegen de los otros, hacen que ellos no puedan influir en nuestras vidas de forma invasiva y caprichosa. Sin embargo, poner límites no es agredir a los demás, no se trata de exigirles una retirada de nuestro camino de forma amenazante. Es tener la capacidad de no dejar entrar las opiniones de terceros que no queramos en nuestro sistema de pensamientos. Es tener la capacidad de sostener una postura por más que aquellos a quienes más amamos nos digan lo contrario. Es tener la frescura de decir "no estoy de acuerdo" con una sonrisa amable y un buen trato expresando afecto en vez de ironía o hipocresía. Poner límites es una virtud. Es una herramienta poderosa que no deja que las personas se contaminen de los ambientes donde se encuentran.

Una joven que hacía tratamiento conmigo me dijo un día que no vendría más a la consulta porque su novio no estaba de acuerdo con mi forma de ayudarla.

—Entiendo lo que me dices —le dije—, solo quiero saber si es debido a la opinión de tu novio o es que tú, luego de pensarlo, estás de acuerdo con él.

—La verdad es que no, pero me trae muchas dificultades venir.

—¿Crees que si cedes terreno en este espacio, podrás conquistar otros?

—¿A qué se refiere? —me preguntó.

—Tú haces esto para no tener más problemas. ¿Piensas que esto no se volverá a repetir en otras áreas de tu vida? ¿Piensas que si en otra oportunidad los otros no van a estar de acuerdo contigo no abandonarás? ¿Y si se te presenta otra dificultad, abandonarás, también?

Marita se quedó en silencio durante un rato. Luego me miró y me dijo:

—Tiene razón, esto me ha pasado anteriormente. Cuando quise empezar natación él me dijo que no tenía sentido, que podíamos aprovechar ese dinero para hacer algún deporte juntos. Al final, nunca lo hicimos. Le voy a cantar las cuarenta y ¡si no le gusta que se embrome! —pronunció envalentonada.

—No se trata de maltratarlo. No tienes por qué pensar mal de él. Quizá, tenga un problema de inseguridad. Tú sabes lo que es ser insegura. O su forma de reintentar no perderte sea escondiéndote en lugares donde pueda controlarte. No por eso tienes que cortar o maltratarlo, solo tienes que ponerle límites —le expliqué.

—Por eso… le estoy poniendo límites… le voy a decir que yo pienso así y que si no le gusta que terminemos.

—Quizá sea estratégico decir lo mismo, pero con amabilidad. Puedes simplemente decirle que lo amas y que quisieras concederle sus deseos, pero que necesitas tomar decisiones por tu propia cuenta y que esta ya la has tomado. Prueba siempre en primera instancia con una forma amable.

—Sí, eso haré, gracias por la ayuda, me ha sacado un gran peso de encima.

Marita volvió a la semana y me dijo que pudo hablar con su novio y que él comprendió. Le explicó lo que necesitaba de forma tal que hasta mencionó mi opinión acerca de lo que a él podría estar sucediéndole. Cuando su novio la escuchó, reconoció el problema y pidió un turno conmigo.

Poner límites es animarse a sostener una postura y una creencia más allá de las diferencias que esto pueda generar con algunas personas. Esta situación puede salir bien o puede aumentar la tensión, como le pasó a Evelyn.

Evelyn tenía 27 años, era una joven profesional que buscaba desarrollarse como contadora. Vivía con su madre, porque era hija única y su padre había fallecido hacía unos cinco años. De forma muy responsable y moral, ella decidió acompañar a su madre y asistirla, sin embargo, la situación no era fácil. La mamá de Evelyn era una mujer muy invasiva, opinaba sobre todo lo que tenía que hacer su hija y para sostener su postura se enojaba y no le hablaba durante varios días. Esto ponía mal a la joven quien, finalmente, terminaba cediendo. Llegó a la consulta por este motivo.

Quería saber cómo relacionarse con su madre sin que su modo la afecte, ya que la situación había cambiado debido a que ahora estaba de novia, y su madre no aceptaba a su novio. Le expliqué la importancia de poner límites sin agredir. Le aconsejé que pusiera especial énfasis en que su madre pudiera comprender que no se trataba de algo que la hija hacía en contra de la madre, sino de una decisión que ella había tomado por convicción propia.

Un día, llegó a la entrevista con su madre. Entraron las dos. Evelyn le permitió la entrada, porque quería que dialogaran delante de mí.

—Hola, doctor —saludó la madre—. Estoy aquí para ver si usted puede hacerle comprender a mi hija que el chico con quien ella está no es de su conveniencia —me soltó antes de que nadie pudiera decir nada.

Evelyn respondió al instante.

—Mamá, yo te dije que vengas. Tú no viniste por tu cuenta.

—Bueno —dijo ella—, pero yo estaba por pedir una entrevista, y tú justo me diste pie para venir.

—Hola, señora —saludé a la madre.

—Hola, Evelyn —le dije a mi paciente—. Vamos a ordenar el espacio. Señora, este espacio es de Evelyn. Ella me pidió durante la entrevista anterior si podía venir con usted para que pudieran hablar juntas delante de mí. ¿Usted está de acuerdo con esto?

—Bueno, no creo que necesitemos intermediarios, pero sí, no tengo problema en que lo hagamos. Si eso es lo que quiere ella, yo no me opongo. Ella es el motivo por el cual vivo —agregó en un tono angustiante.

—Sí, entiendo —asentí, y mirando hacia la joven, agregué— Evelyn, ¿de qué quieres hablarle a tu madre?

—Es sobre Fabián.

—No quiero hablar sobre Fabián, lo único que quiero escuchar es que no vas a seguir con ese chico —interrumpió la madre mirando hacia otro lado.

—Mamá, lo que quiero decirte, es que te amo mucho, que eres una de las personas más importante en mi vida, pero que he tomado una decisión…

—¿Usted la escucha, doctor? ¿Después de todo lo que he hecho por ella? ¡¡¡Yo soy su madre!!! ¡¡¡Le di la vida!!!

—Señora —interrumpí—. No creo que sea justo que Evelyn quede esclava de sus deseos, solo porque usted la engendró. Eso es algo que usted decidió, pero lo que más importa es que Evelyn no quiere cortar relaciones con usted, solo quiere sostener una decisión.

—¡¡Ese chico no le conviene!! —gritó.

—Es probable, señora, pero también puede no serlo —comencé a explicarle—, pero sea como sea, es una decisión que no se toma por imposición, sino por convicción. ¿Por qué no la escuchamos a Evelyn?

—No pienso escuchar más. Usted le llenó la cabeza, y ahora los dos tienen un complot en mi contra. Lo que quieren es angustiarme.

La miró a su hija y mientras se incorporaba de la silla le dijo:

—Yo nunca lo hubiera esperado de ti… —se levantó y se fue.

Evelyn se largó a llorar.

—¿Se da cuenta por qué no puedo ponerle límites?

—Sin embargo, lo has hecho… —le dije—. Poner límites no significa que vayan a quedar bien las cosas. Tu madre es madre. Ella siempre te va a amar. Solo sostén esta posición de tomar tus decisiones y, con el tiempo, verás que ella se acerca con otra actitud. Mientras tanto, síguela tratando con respeto, con amor, no dejes de decirle que la amas y no dejes de hacerle demostraciones de cariño, regalos y demás. Luego, me dices cómo sigue todo.

Pasaron casi dos semanas y Evelyn regresó.

—Las cosas van cambiando. Mi madre ya no habla sobre el tema, ahora ya conversamos sobre mi trabajo. Creo que se le está pasando.

—Lo que está ocurriendo es que estás cortando el cordón umbilical.

—¿Sí? ¿Usted cree?

—Sí, claro que sí.

Poner límites es mantener una posición que tengamos por convicciones profundas sostenida en el tiempo. Hay que estar atentos a que esto no se relacione con una conducta asociada a la terquedad más que a la necesidad de mantener nuestra mente libre de opiniones invasivas.

5. Tampoco caiga en el efecto péndulo

Uno de los errores que se suele cometer es caer en lo que defino como el efecto péndulo. Las personas dependientes de aprobación, por lo general, se dan cuenta de su situación y las dificultades que esto les acarrea. En ciertas ocasiones, si por algún motivo logran desvincularse emocionalmente de la aprobación de los demás, entran en un estado negativo en el que quieren castigar a estos por haber sido parte de esa dinámica. Entonces, llevan la relación desde un estado obsesivo por conseguir la aprobación hasta un estado de indiferencia y maltrato. Esto, por supuesto, provoca las más variadas reacciones y, finalmente, quienes aprobaban terminan opinando mal de los mismos a los que elogiaban.

No se permita caer en ese efecto, las personas no son responsables de nuestras dinámicas psíquicas. Intente desvincularse de la dependencia, confíe en su propia opinión, pero tampoco caiga en el otro extremo de maltratar o ser indiferente a los demás, ya que solo empeorará la situación.

Luego de un tiempo de entrenamiento emocional, Andrés llegó serio al espacio del grupo. No miraba a los otros con una sonrisa como era habitual en él. Esta vez no dijo "perdón" cuando corrió la silla para sentarse. No pidió permiso cuando se levantó para ir al baño en medio de las palabras de un compañero.

—¿Pasa algo, Andrés? —le pregunté, preocupado por su actitud.

—Sí, pasa —me respondió en tono desafiante.

—¿Quieres contarnos? —traté de ser amable.

—No sé si tengo ganas de escucharlos opinar sobre mí. La verdad es que no… no tengo ganas… así que no quiero contarlo… —soltó en tono irónico y desafiante.

En ese momento, uno de los miembros de ese grupo se levantó de la silla casi como si hubiera sido impulsado por un resorte.

—¡Eh! —le gritó—. ¿Qué te pasa? ¡No te hagas el malo! ¿Eh?

—Tranquilo, Mauro —traté de calmar los ánimos—, ¿qué es lo que te molesta?

—Este ortiva está esperando que lo tratemos bien, nos mira todo el tiempo si le sonreímos o no, nos pregunta mil veces si nos molestó en algo y, de repente, cae así como si nada y nos trata como se le da la gana… ¡¡¡A mí, no me va a tratar así!!! —gritó—. Por mí, ya se puede ir de este grupo ya saben dónde.

Andrés se quedó blanco del susto, nunca pensó que lograría ese efecto en alguien. Me miró, miró al grupo y se fue.

A los dos días, lo vi en mi consultorio privado y tuvimos la siguiente charla:

—¿Qué pasó contigo el miércoles? —traté de averiguar con extrañeza.

—No lo sé, quise poner en práctica lo que hablamos siempre. Simplemente, quise dejar de depender de la mirada de los otros.

—Pero eso no fue dejar de depender, eso fue agredirlos. Ese no es el objetivo de tu independencia emocional, el objetivo es que disminuyas el nivel de alerta por las aprobaciones. No que los subas debido al riesgo de peleas —le manifesté sonriendo.

—Sí, la verdad es que se me fue la mano.

—Exacto, debes tratar a los demás como te gustaría que te traten a ti. Esa es la medida en el trato con los demás.

—No lo había visto así, solo quise cortar con los lazos que me ataban, y el grupo es un espacio que me genera mucha dependencia en la aprobación. Ahora, mi peor pesadilla se cumplió, la gente no quiere verme más. No creo que pueda seguir yendo.

—¿Vas a abandonar porque alguien te dijo que te podías ir? —quise saber.

—Es que no me quieren —aclaró afligido.

—Yo diría que tú les dijiste que no los quieres. Lo que vi fue una agresión que fue respondida con otra agresión. No justifico a Mauro, pero puedo entender su reacción. ¿Crees que puedes hacer algo que no sea abandonar el grupo?

—No lo sé… Quizá, le deba pedir perdón… —reflexionó buscando mi aprobación.

—¿Quizá? —pregunté.

—Creo que debo pedirle perdón —contestó.

—¿Y qué pasaría si no quiere perdonarte? —indagué para ir más al fondo del asunto.

—No lo sé… no me diga eso… yo no quiero dejar de ir a ese grupo.

—Entonces, ¿qué harás?

—Supongo que esa es mi oportunidad de comenzar a poner límites a la opinión de los otros, ¿no?

—Exacto, comienzas a entender dónde van los límites.

CAPÍTULO 6

Es fundamental "saber vivir" la frustración

1. Fracaso y frustración

Hace un tiempo, mientras dialogaba con un colega, él me decía: "Creo que la autoconfianza está más asociada a la capacidad de fracasar que a la capacidad de lograr éxitos". Y siguió: "Creo que una autoconfianza sana debe incluir la posibilidad de fracaso y error, ya que no se puede lograr una verdadera confianza sin autoconocimiento, y no hay verdadero autoconocimiento sin el reconocimiento de nuestras debilidades". Me quedé recapacitando y hoy pienso que tiene razón. No es tan difícil tener confianza cuando logramos éxito en lo que nos proponemos. Las personas no necesitan ayuda cuando se trata de adaptarse al éxito, pero lamentablemente, no ocurre lo mismo con el fracaso.

El fracaso es un hecho que surge como resultado de no poder alcanzar las metas propuestas. Es no lograr aquello que habíamos planeado. El fracaso genera una emoción llamada frustración, que corresponde al bloqueo del placer esperado. Sentimos frustración cuando no podemos disfrutar de aquello que planeamos. Aparece tanto en situaciones muy simples como en otras profundas y complejas. Por ejemplo: Sentimos frustración cuando el colectivo que estábamos esperando no se detiene, cuando los precios en el supermercado aumentan, cuando no recibimos el sueldo que habíamos calculado, cuando salimos de vacaciones para disfrutar del sol y el calor, pero llueve durante todos los días. También, nos frustramos cuando perdemos un trabajo, cuando se burlan de nosotros públicamente, cuando una novia nos deja o cuando fallece un ser al que amábamos con pasión.

La frustración está presente en muchas situaciones de la vida de los seres humanos. El fracaso es un acontecimiento que conlleva la emoción de la frustración. La interpretación de haber fracasado genera la emoción de la frustración. La frustración está asociada a la angustia, como todas las emociones básicas negativas mencionadas anteriormente (la ira, la tristeza y los miedos).

La frustración, otra de las emociones negativas, es un estado subjetivo desagradable que tiende a parecerse más a una tristeza que a cualquier otra emoción y que está asociado directamente con acontecimientos en los que no ocurrió lo que se deseaba o esperaba. Cuando aparece en escena, produce desánimo, desgano y desmotivación. La sensación de frustración encierra a las personas y acarrea pensamientos de inutilidad o trae juicios negativos hacia uno mismo o hacia otros. Cuando se llega a esta instancia —la de juzgarnos a nosotros por los resultados obtenidos—, se experimenta la culpa. La culpa se produce por creer que somos responsables de las situaciones de fracaso. Es un enojo contra uno mismo y, sin duda, el recurso para resolverlo será, por consecuencia, el autoperdón.

2. El sufrimiento no es una opción

Las personas hemos creado una sociedad que comercializa todo aquello que ayuda a esquivar el sufrimiento. Si estudiar es tedioso, ofrecemos carreras más cortas, más fáciles, pero también más caras. Si el matrimonio es un riesgo, procuramos formas de convivencias alternativas que resulten más cómodas en el caso de tener que disolver la relación. Si dentro de una relación comienzan a aparecer problemas, es más fácil la separación que el esfuerzo necesario para generar cambios individuales en pos de lograr una mejor convivencia. Pareciera que aquello que requiere algún tipo de energía y sacrificio fuera la peor de las opciones. Hoy es más usual tomar pastillas para adelgazar que tomar la decisión de trabajar sobre el carácter para controlar la impulsividad de la ingesta.

Esta realidad se ha extendido de tal modo que hemos adoptado, para atraer a las personas a nuestros negocios o servicios, frases o eslóganes como "no sufra más" o "no reniegue más", entre otras. Si bien no hay nada de malo en pretender buscar alternativas para lograr mayor efectividad, lo que intento decir es que con este tipo de tácticas se está promoviendo el no sufrimiento. Las dinámicas psíquicas colectivas, que hemos construido entre todos, suscita la busca de opciones que generen el menor esfuerzo. Esto no es lo malo, lo complicado es que se edificó a pesar de que "no importa si lo que estamos construyendo tiene poca efectividad en el futuro". Pareciera que nos dijéramos a nosotros mismos: "No importa lo que suceda más adelante, tenemos que sacarnos el problema ahora".

Sobre estas plataformas de creencias —las de buscar las alternativas que generen el menor esfuerzo—, las personas tomarán decisiones teniendo en cuenta motivaciones equivocadas, lo harán sin pensar en el objetivo final, sino en el esfuerzo que les genere lograrlo, y en la mayoría de los casos, alcanzarán resultados mediocres. Así nos encontraremos con alguien que quería ser médico, pero como la carrera era difícil y larga, hizo una tecnicatura más corta. Si la ambición es ser médico y transamos nuestro deseo por facilidad, lo que ocurrirá es que nos encontraremos al final con resultados más pobres con respecto a los del objetivo inicial.

Hace un tiempo llegó a mi consultorio una joven que había venido a estudiar Arquitectura a la ciudad de Córdoba. La conversación fue la siguiente:

—Pamela, ¿en qué puedo ayudarte? —le pregunté en la primera entrevista.

—Doctor, no sé exactamente qué me ocurre, es como si me sintiera todo el tiempo frustrada, angustiada.

—¿Puedes reconocer el origen de ese estado? —comencé a investigar.

—Quizá sea desde que comencé a estudiar en la facultad.

—¿Qué estudias?

—Diseño de interiores —me dijo.

—Es una hermosa carrera —comenté—. ¿En una universidad pública?

—No, en una privada.

—¿De dónde eres? No pareces de Córdoba.

—No —dijo ella—, soy del interior, de un pueblo llamado Hernando.

—¿Qué pudo haberte hecho sentir así, Pamela? ¿Querías venir a Córdoba a estudiar?

—¡¡¡Sííí!!! Claro —contestó entusiasmada—. ¡Lo espero desde hace cuatro años, desde que terminé la secundaria!

—¡Qué bien! ¿Por qué no viniste antes si terminaste hace cuatro años? —indagué con curiosidad.

—Vine antes. Quise entrar en Arquitectura, pero me fue mal en el curso de introducción, no logré los objetivos. Después, me dio miedo volver a fracasar. Me animé otra vez este año.

—¿No quisiste probar de nuevo con Arquitectura? ¿Cambiaste tu deseo? —consulté.

—En realidad, me hubiera gustado muchísimo hacer Arquitectura, pero perdí muchos años, entonces, quiero hacer algo más corto para aprovechar el tiempo, y además esta carrera es más fácil —me aclaró.

—Fuiste por lo seguro antes que ir por tu deseo, que seguramente implicaba un mayor esfuerzo. ¿No es cierto?

—Creo que sí…

No hizo falta que continuara, estaba a la vista la sensación de frustración que Pamela estaba viviendo. Ella tenía proyectos que fueron cambiados por el nivel de dificultad con el que se fue encontrando y su escasa capacidad de soportar la frustración. No se trataba de la carrera, sino de que ella quería ser arquitecta y cambió, no por el deseo de hacerlo, solo para evitar el esfuerzo.

Que algo sea difícil no significa que tengamos que esquivarlo. Si queremos progresar en lo personal, si queremos crecer en nuestro carácter, el sufrimiento no es una opción, no es algo que podamos elegir no vivir, sí o sí pasaremos por dificultades y adversidades, esto forma parte del camino. Cuando alguien crece mental, física o espiritualmente, debe dejar los lugares de comodidad, los espacios seguros conocidos para hacer cosas que no había hecho. Por ejemplo: Dejar la escuela secundaria e ingresar en la universidad es una experiencia que requiere de más tiempo y esfuerzo en el estudio y de la resolución de problemas de mayor complejidad, pero a su vez, es un paso necesario para seguir creciendo. O los niveles de esfuerzo en los entrenamientos físicos aumentan cuanto más profesional sea la persona que los practica. Los pacientes que tuvieron accidentes cerebrovasculares deben realizar una rehabilitación neurofisiológica, que es dura y difícil. Ellos tienen que esforzarse para volver a caminar o mover un brazo o hablar. Cuando un paciente quiere dejar las drogas, los primeros días son muy duros, se genera un estado de abstinencia que trae angustia y un deseo imperioso de consumir la droga, y esto provoca en la persona dolores y estados de ansiedades indescriptibles. En todos estos casos, el sufrimiento no es una opción, el sufrimiento fisiológico es necesario para alcanzar la meta, es el camino para subir de nivel.

En una oportunidad, una mujer de unos 70 años entró a mi consultorio y me pidió "alguna pastilla", porque se sentía muy triste. Cuando le pregunté qué le ocurría, me contó que su esposo había muerto hacía un mes. Le expliqué que ella estaba en un proceso de duelo y que para recetarle una medicación todavía era muy pronto, porque, de todos modos, ella iba a sufrir lo mismo debido a la pérdida. Y entonces, ella me dijo: "Es que no quiero sufrir, doctor".

Hemos aprendido a esquivar a cualquier costa el sufrimiento. Muchas veces, incluso, motivados por buenas causas, como por ejemplo, cuando tenemos el deseo de progresar como especie, cuando fabricamos elementos que facilitan situaciones de la vida, desde pelar una papa hasta caminar en el mismo lugar en la casa para hacer ejercicios con sofisticados aparatos que hacen más fácil la práctica. Quiero señalar cómo esa mentalidad fue cercando nuestras vidas y poco a poco nos llevó a suplantar aquellas cosas necesarias para vivir; entre ellas, el carácter.

Hoy es común hacer todo lo posible para evitar cualquier tipo de angustia o sufrimiento, y sin darnos cuenta vamos derrochando las oportunidades para aprender a soportar la angustia. Las redes sociales, por ejemplo, son una excelente oportunidad para promocionar ideas y conseguir nuevos amigos, pero la tendencia de las personas hizo que los índices de consumo de Internet aumentaran de forma tan alta que hoy se habla de las nuevas adicciones del siglo XXI y, entre ellas, se tiene en cuenta las redes sociales. Lo que se observa es que resulta más sencillo construir la personalidad que queremos sin los esfuerzos necesarios que demandan las relaciones reales. En las virtuales, es fácil bloquear o insultar a alguien a través del muro. Esta cultura que ha agregado un mandamiento más a la lista, "no sufrirás", hace que cada vez sea más difícil involucrarse en procesos para desarrollar el carácter, para desarrollar la autoconfianza.

Los niños que son entrenados por sus padres a través de los límites van desarrollando en su realidad mental una capacidad psíquica que les permitirá en el futuro resistir las frustraciones que la vida les imponga. Si esos límites no son establecidos a tiempo, las personas tendrán que aprender a desarrollar esa capacidad en situaciones más complejas, ya que la misma vida se encargará de ponerles límites, les guste o no. Llamo límites a situaciones desagradables que irremediablemente se viven: la pérdida de un trabajo, el abandono de una novia, el desencuentro con un amigo, un examen desaprobado, algo que nos hagan con mala intención, etcétera. Si no se aprende de pequeño a resistir estas frustraciones, entonces, se tendrá que aprender de grande; simplemente, no es lo mismo un berrinche de un niño de 5 años que uno de un hombre de 40 años, el niño es contenido por su madre o su padre, el hombre necesitará una contención más compleja, ya que es probable que manifieste algún vicio o que reaccione con ansiedad, pánico o fobias o que ingrese en un proceso depresivo. Aprender a desarrollar el carácter desde esta posición será más difícil.

El sufrimiento no es una opción, sino que forma parte de las dinámicas de la vida. Es falso que no tendremos momentos de frustración. Desde el mismo momento que atravesamos el canal de parto en nuestro nacimiento, comenzamos a vivir situaciones desagradables. Crecer produce cambios y esos cambios duelen. Dejar de ser niños conlleva responsabilidad, y esa responsabilidad implica frustraciones. No hay forma de entrenar el carácter sin cruzar por el camino del sufrimiento. No hay forma de desarrollar una correcta autoconfianza sin riesgo, sin dolor, sin enfrentar los miedos.

Las personas que quieran aprender a confiar en sus capacidades, deben aprender a entrenarse en el carácter y en ese entrenamiento muchas veces hay frustraciones y angustias. Cuanta más capacidad de resistir ese tiempo esperando el fruto del esfuerzo, más rápido y mejor se estará preparado.

3. La tendencia natural es esquivar el sufrimiento

Nadie podría culpar a alguien por el deseo de no querer sufrir y tratar de esquivar el dolor, aunque esto no sea funcional. Es decir, que si bien es algo usual y natural, también es importante saber que esa conducta retrasará el desarrollo de la importantísima capacidad de confiar en uno mismo.

Ya expliqué anteriormente que uno de los mayores temores de las personas es el rechazo. Este temor de saberse no amado, no deseado, no buscado, no consultado, no mirado, es decir, saberse invisible a los demás, produce un dolor moral que evoca los sentimientos más profundos de angustia. Este tipo de frustración tiende a ser evitado por todas las personas de forma consciente o inconsciente. Y cuando es así, aparecen mecanismos defensivos que intentan evitar el dolor del rechazo.

La impronta de un rechazo, efectivo o incierto, o de que no se fue amado o aprobado hace que las personas necesiten a lo largo de su vida buscar permanentemente contención o aprobación. Sin embargo, tratan de resolver la situación mediante la autoaprobación y se alejan de aquellos que pueden causarles heridas; y así, se produce la autoexclusión o el autorechazo. Sea cual sea la forma de actuar y sea consciente o inconsciente, se generan conductas que o bien intentan "lograr la aprobación y admiración de los otros", o bien "evitar el rechazo". A estas conductas, las denominamos "mecanismos defensivos".

Veamos algunos de los mecanismos defensivos del temor al rechazo:

1. **Aislarse o esconderse en la timidez.** Muchas veces, algunas personas intentan aislarse con el objetivo de no correr el riego de que los otros las rechacen. No obstante, el objetivo de ese autoaislamiento puede ser diferente de acuerdo con las vivencias personales. Por ejemplo: Algunos evitan el contacto con personas o eluden las situaciones de exposición pública, porque creen que serán rechazados. Ese rechazo puede no ser manifiesto, pero muchas veces, ellos temen que los otros se burlen, o no poder ser como los otros esperan, o decepcionar, o quedar en ridículo; ellos

evitan generar una mala impresión u opinión y, en un extremo, evitan molestar de cualquier forma, porque si llegaran a molestar podría suceder que los demás se cansen y los rechacen abiertamente. Desenvolviéndose de esta forma, cuidan su autoimagen. Prefieren rechazar antes que ser rechazados, es una forma de tener el control de la situación. Hay una frase que dice: "Si yo no molesto a nadie, que nadie me moleste".

Asimismo, la "timidez" es una forma de autopreservación de la imagen. La dinámica es muy parecida a la evitación del rechazo. Muchos creen que la timidez responde a una baja *autoestima*, sin embargo, nada tiene que ver la timidez con la baja autoestima, al contrario, la persona se quiere mucho, tiene una buena *autoestima*, pero tiene baja su *autoconfianza* debido a que esta no se desarrolló por falta de aprobación. Esto hace que las personas eviten el contacto público y la exposición en situaciones donde pueden ser observadas y evaluadas, ya que no creen en su capacidad de lograr la aprobación ni creen en la posibilidad de resolver las tareas que tienen que hacer.

2. **Tratar de llamar la atención.** Es una forma directa de compensar la falta de aprobación. Estas personas intentan que todo gire alrededor de ellas como un mecanismo compensador, buscan experimentar la sensación de ser importantes. Para esto, usan chistes, manifiestan una extroversión exagerada, extreman la expresión de sus emociones, mantienen discusiones encendidas frente a los otros, por ejemplo, exponen sus logros de forma excéntrica y estruendosa ("chapear").

Isaías era un joven de unos 30 años, lo encontré en el pasillo de una clínica de salud mental. En el parte médico, decía que había ingresado el día anterior, que había sido muy estruendoso, y que llamaba la atención de todos en el lugar. Al hacer mi ronda durante mi guardia, aquella mañana, me dijo casi gritando: .—Oiga —. Yo sé que usted me entiende, porque usted es un profesional como yo. Yo también soy un profesional, así que a mí me tienen que respetar. ¡Yo soy profesional! ¡Tanto como usted es profesional, así, también soy yo!

Isaías sufría de lo que muchos médicos definen como trastorno bipolar. Una alteración psíquica que genera en las personas accesos de hiperactividad mezclados con períodos de depresión profunda. Durante uno de esos momentos de gran euforia mental, pudo terminar una carrera universitaria, Ingeniería en sistemas. Esto le había dado una gran alegría, pero el estrés que le había generado, lo desestabilizó y tuvo que ser internado porque comenzó a perder el control de sus actos.

Isaías era un joven como cualquier otro, que quería lo mismo que cualquier otro, que se lo respetara. Para eso, llamaba mucho la atención de todos, para que pudieran ver sus logros y pudieran amarlo por ello.

3. **Ser extremadamente sensible y autorreferencial.** Es una dinámica que se genera como consecuencia de una atención exagerada de los errores personales. Si bien parece una conducta bien fundamentada, en realidad, tiene por objetivo adelantarse a los otros. Es decir, se está tan pendiente de la opinión de todos que si alguien sugiriera

algo, se tomaría como una agresión. Es una actitud defensiva que intenta evitar el rechazo explícito, por lo cual, cuando alguien cree que puede ser rechazado, se enoja de antemano con la intención de ser quien rechaza primero. Estas personas se ponen la bandera de "discriminadas". De esa forma, si cometieran algún error, este puede pasar desapercibido, porque ellas lograron señalar un error más grande en el otro, un error que lo culpara. Estas personas no soportan las críticas, no saben escuchar opiniones de los demás sobre ellas. Tampoco aceptan fácilmente el halago, ya que lo toman como una obligación o como una forma de ayudarlas a sobrellevar su mísera personalidad.

Aba tenía 24 años. Fue la última en llegar a la reunión, donde también participaban sus amigas. Cuando entró, había un ambiente tenso. Estaban tratando de poner algunas cosas en orden en cuanto a las relaciones de amistad.

Ella era conocida por ser muy sensible y altamente explosiva, y sabía que lo era, así que cuando entró y percibió el silencio no tardó en intuir el ataque, un ataque que no era directo hacia ella.

—Bueno me lo van a decir o lo digo yo —dijo con tono firme y fuerte.

—¿De qué hablas? —preguntó Mariel, una de las amigas.

—No se hagan las tontas, sé perfectamente que me quieren echar la culpa a mí de cómo está la situación, pero vamos a poner las cosas arriba de la mesa, yo no soy la hipócrita, acá las hipócritas son ustedes —continuó Aba.

—Estás mal, Aba, necesitas ayuda, nadie te decía nada a ti, pero ya que hablas…

La charla entre las amigas terminó siendo muy hiriente para todas. La sensibilización hace que los demás se vean como discriminadores, y eso genera un verdadero rechazo.

4. **Ser demasiado posesivo.** Cuando alguien que tiene percepción de rechazo logra ambientes de seguridad afectiva, es muy probable que genere mecanismos defensivos para evitar la pérdida de ese ambiente, y por eso, quizá desarrolle conductas posesivas intensas. Estas personas se vuelven extremadamente celosas y exigen demostraciones que les aseguren la amistad y el afecto de los que están a su alrededor. Esto obviamente produce alejamientos, ya que estos se sienten ahogados o asfixiados, lo que fomenta la idea de rechazo y fortalece la creencia de la persona de que no hizo lo que debía para ser aceptada.

5. **Manifestar egoísmo con mucha intensidad.** Con la misma intención de salvaguardar un ambiente de seguridad, hay personas que desarrollan pensamientos tales como: "Esas son mis cosas, que nadie me las toque". "Es mi amigo". "Es mi habitación". "Es mi ropa". Es probable que estas personas lleguen a prestar o compartir ciertas pertenencias, pero se asegurarán de dejar en claro que son suyas y que las comparten porque "son buenas" o porque "es su decisión", no porque otros las tomen prestado.

   Pude ver en una escuela donde asistí para dar una conferencia cómo discutían dos jovencitas:
   —No te metas más con Angélica, ella es mi amiga, que te quede claro —le decía una a la otra.

6. **Buscar el perfeccionismo.** Cuando alguien es educado bajo la idea de que es importante que haga las cosas bien porque eso le agrada a mamá o a papá (es el amor condicional), queda sobrentendido que si no las hace bien, es posible que no agrade a sus padres. Situaciones como estas llevan a las personas a hacer cosas solo para agradar a los demás. Pero además deben hacerlas bien para lograr la expresión de "muy bueno" de los otros. Estas personas quieren hacer todo perfecto. Si no lo hacen así, sienten que no tienen valor y, por lo tanto, sienten que no merecen ser amados y aceptados. No se sienten lo suficientemente buenas como para realizar proyectos y tener propósitos. Esta dinámica se fortalece y si no pueden alcanzar el cien por cien de perfección, sienten que ya no valen nada.

7. **Criticar a los otros.** Esta es una forma de justificar en la conciencia la creencia automática de que se tienen muchos errores. Con este mecanismo, la mente del individuo defensivo tiene un nivel de aprobación que está muy por arriba de lo que él puede alcanzar, entonces, intenta resolver la dificultad descalificando a los otros. Algo así como un implícito inconsciente que dice: "Yo no soy bueno en esto pero los demás, tampoco". Bajo la consigna de que los otros también tienen errores, calmará de alguna manera su creencia interna de fracaso y se convencerá de que es algo común entre lo mortales y, por lo tanto, no tan grave en él. Por eso, buscará el error, para calmar la exigencia sobre sí mismo.

   Estaba de viaje por el interior de la provincia de Córdoba. Andaba en mi auto, así que me detuve en una estación de servicio a cargar nafta y a comprar víveres. Al llegar al mostrador, no puedo evitar escuchar que en una mesa del bar un hombre hablaba acaloradamente de algunas personas que iban y venían por el lugar. En eso, otro hombre que también estaba comprando, pero que se notaba que era alguien de la zona porque había saludado con nombre personal a todos en la estación, le dice:

—Lo único que haces es tomar y criticar. ¡Cómprate una vida!

"Cómprate una vida". Me quedé pensando, ¡qué buena frase! Estaba claro que ese hombre había fracasado en la vida que había tenido, ya la había dado por terminada y ahora necesitaba no ser el único fracasado, su mente le exigía que el resto fuera tan fracasado como él creía que era.

8. **Autoculparse permanentemente.** Es la dinámica de interpretar que todo lo malo que ocurre es por responsabilidad de uno. Esta dinámica, que no siempre es sincera, es una forma de protección. Es necesario que la persona pueda expresar que se reconoce "culpable de algo", con el objetivo de que los que están a su alrededor puedan fortalecer su creencia de que es ajena al asunto, diciéndole: "Tú no tienes nada que ver", "tú eres muy buena", "lo hiciste genial", etcétera.

En cierta oportunidad, venía hablando por teléfono por la calle, me distraje y golpeé a una señora.
Enseguida, ella me dijo:
—Lo siento mucho.

Yo había sido descuidado y torpe, pero ella me pidió perdón. ¿Por qué? Pues, quizá, esperaba que yo le dijera algo como: "No, señora, fui yo, discúlpeme" y de esa manera, quedaba libre de mi condena.

La prueba de esto es que si alguien corrobora la hipótesis de que efectivamente la persona es responsable de dicha situación, inmediatamente, ella activa otra dinámica defensiva de ataque, y le urge explicar que nada tiene que ver con la situación, y que el otro es un agresivo al no comprender cómo se dieron las cosas.

—La perdono señora —le dije distraído.

—¡Maleducado! —estalló enojada—. ¡Es usted el que viene hablando! ¡Cómo se atreve a decir que me perdona!

¿Por qué me habrá pedido perdón si luego me dice que soy yo el culpable? Me quedé pensando. Esa mujer buscaba asegurarse de que yo entendiera que ella no tenía nada que ver en el accidente.

9. **Mantener alejados cierto tipo de pensamientos.** Una forma de no resolver las interpretaciones del pasado es no pensar en ciertos recuerdos dolorosos, aparentar que se olvidaron (aunque no sea así pues están presentes para poder reprimirlos, lo cual consume mucha energía mental y espiritual). Muchas veces, se tiene la creencia de que es bueno no recordar para poder continuar adelante, sin embargo, todo lo que no se resuelve queda "pendiente", y eso genera un agotamiento psíquico crónico. La solución es no solo recordarlo, sino también resignificarlo.

—Doctor, ¿cómo es posible que no recuerde nada de lo que ocurrió antes de los 10 años? —me preguntó la paciente angustiada.

—¿Realmente no recuerdas nada? —pregunté.

—En realidad, no lo sé, hice tanta fuerza para olvidar a mi padre que me olvidé de todo.

10. **Ser agresivo de diferentes maneras.** La agresividad es una forma de reparar algo que creemos que es injusto y, entonces, intentamos hacer justicia recurriendo a la ira, que es un recurso emocional. Esta actitud está relacionada con la necesidad de que las cosas sean justas y que no se burlen ni aprovechen de nosotros o que no piensen que estamos en inferioridad de condiciones. Si dejamos que los otros nos consideren inferiores, corremos el riesgo de ser discriminados o rechazados, porque hay un implícito que dice: "Nadie quiere a los que son inferiores o a los que son poca cosa". Si esto ocurre, aflora la susceptibilidad y comenzamos a creer que los demás nos ven como tontos, entonces, intentamos demostrarles que están equivocados y, para eso, usamos recursos primitivos, como la agresividad. La agresividad se genera a través de ciertas conductas como la intolerancia, el culpar a otros de lo que uno se siente culpable, la negación del dolor y los sentimientos reactivos e, incluso, la violencia física.

Recuerdo a un niño de unos 7 años que le pegaba a sus compañeros de clase. Los docentes llamaron a los padres para solicitarles que realizaran una consulta con un profesional, porque era difícil estar en la clase con ese nivel de violencia. Un colega tomó la situación. Cuando investigó la vida familiar y la interrelación del niño con sus padres, descubrió que sus padres lo golpeaban y era rechazado por sus hermanos. El niño reaccionaba de forma agresiva en el colegio para que los otros no se aprovecharan, también, de él y de esta forma, generaba un ámbito de seguridad sobre sus compañeros por medio de la violencia.

11. **Manifestar rebeldía.** La rebeldía se genera como consecuencia de la pérdida de sujeción a la autoridad. El motivo es que, como justamente los referentes de autoridad han generado discursos y enseñanzas contradictorias, no hay autoridad referencial. La rebeldía intenta la libertad de los lazos, que la persona interpreta como esclavizantes.

Tengo una vasta experiencia con jóvenes en conflicto con la ley y con jóvenes con problemas de drogas y en todos ellos, pude observar cómo expresan el abandono inconsciente de sus padres, ya sea por la falta de dedicación de tiempo o por el maltrato en cualquiera de las formas antes mencionadas, por medio de actitudes desafiantes. La rebeldía es la manifestación del no reconocimiento de quien dice ser autoridad, porque no ha cumplido su rol (o eso es lo que se interpreta), por eso, todos aquellos que representen un rol similar de autoridad, no tendrán el respaldo de estas personas y serán desafiados por ellas.

12. **Generar enfermedades psicosomáticas.** En algunas oportunidades, las personas reconocieron el afecto de sus padres cuando su salud estuvo en riesgo. En ese momento, fueron amadas y percibieron que los otros las aceptaban. Por eso, puede ocurrir que, de forma automática, el

organismo genere síntomas que simulen alguna patología y, de esa forma, se podrá recibir el afecto que se necesita.

Una paciente me decía en plena sesión:
—Recuerdo que de chica me gustaba enfermarme.
—¿Cómo es eso? A nadie le gusta enfermarse. ¿A ti sí te gustaba?
—Es que recuerdo que cuando me enfermaba, mi papá me traía golosinas y juguetes y se quedaba conmigo un rato largo.

13. **Manifestar todo tipo de prejuicios.** El prejuicio es una forma de anticiparnos a situaciones que no queremos tener con terceros. Preferimos temer, antes que conocer, porque tenemos miedo de que la persona que conozcamos nos lastime. El prejuicio hace que las personas pierdan oportunidades de crecimiento y de relacionarse con otros. El prejuicio es una forma de temer. Nos anticipamos a lo real debido al temor de vivir situaciones desagradables. El prejuicio no es ni más ni menos que la falta de confianza en los demás.

14. **Tener temores exagerados.** El temor es el diseño mental por excelencia que esclaviza a las personas. La confianza es su contradiseño, lo que nos permite libertad de acción. La ausencia de confianza en la persona genera, sí o sí, temores indiscriminados de todo tipo con el objetivo de protegerla de posibles situaciones de riesgo detrás de las cuales están los fantasmas del rechazo y la muerte.

15. **Ser incapaz de expresar los sentimientos.** La persona

formada en la dinámica del rechazo nunca aprendió a expresar sus emociones, porque su única relación con el otro fue la aprobación a través de los hechos. De esta manera, aprendió a medir. Y aunque muchas veces siente el amor, no sabe cómo hacer para expresarlo, ya que le parece ridículo, innecesario y hasta un signo de debilidad, algo que pondría en riesgo su sistema de seguridad, su deseo de ser aceptada por sus capacidades.

Me llamaba mucho la atención el aplanamiento afectivo de Carla. Ella no demostraba ningún tipo de expresión hacia sus compañeros de grupo. Si alguien lloraba, ella solo miraba con indiferencia.

—Carla, ¿has abrazado en este último tiempo a tu madre y le has dicho que la amas?

—Nunca abracé a mi madre ni tampoco recuerdo haberle dicho nunca que la amaba —me contesto fría y distante.

Los mecanismos defensivos deben ser modificados tanto en el sistema de creencias que los sostienen como en la corrección de conductas automáticas que se activan, muchas veces, más por costumbre que por creencia.

4. Temor del rechazo

Uno de los mayores miedos del ser humano es el rechazo. Este temor, como vimos antes, es una motivación equivocada que la mayoría de las personas usan. Es decir, modifican todos los entornos de la vida para evitar el rechazo. Evitar el rechazo es lo que rige las decisiones y los deseos de vida.

La necesidad de ser aprobados y ser aceptados se manifiesta en la sociedad de forma continua. Los ejemplos están a la vista de nuestros ojos todo el tiempo, pero al hacerse tan habituales, han dejado de llamar la atención y de hacernos pensar en la carencia afectiva en que vivimos.

- Ejemplos de conductas motivadas por el temor al rechazo:

1. El deseo de fama
2. El cuidado de la imagen personal
3. El éxito
4. El evitar equivocarnos mediante distintas formas de resolución
5. El ser religiosos
6. El no pecar
7. El ser buenos amigos
8. El ser malos amigos
9. El buscar a Dios
10. El hacer una carrera (para ser alguien)

Cada uno puede completar este listado según sus propios temores. Un gran porcentaje de personas de nuestra sociedad organizaron su vida en función de este temor; si esto no se sana, sus motivaciones de vida quedarán asociadas, en alguna medida, de forma directa o indirecta, según su miedo al rechazo. El gran temor del ser humano está asociado al rechazo. Este habla de la incapacidad y de la poca confianza en sí mismo, por eso, se generan los mecanismos defensivos de los que hablamos antes, solo para evitar que los otros puedan "ver las incapacidades y la poca valoración", que las personas creen que tienen cuando no han desarrollado una correcta autoconfianza.

De la misma forma que en el rechazo, las personas tienden a esquivar todo aquello que conlleve dolor moral, esfuerzo físico o psíquico, para buscar alternativas más fáciles y que produzcan resultados parecidos, aunque sean menos duraderos.

5. Cómo desarrollar la capacidad de frustración

Si bien no existen fórmulas mágicas ni que aseguren resultados absolutos, las siguientes son pautas a tomar en cuenta para desarrollar la capacidad de tolerar la frustración. Debe entenderse que todas son abordajes de pensamientos, es decir que hay que tratar de incorporar estilos de pensamientos, ya que estamos hablando de procesos psíquicos.

Las pautas que hay que poner en práctica son:

1. **Cambie los pensamientos.** Frustrarse, sentir angustia o inquietud interna no siempre es algo catastrófico y que lleva a un peor estado. Cuando nos lleva a una buena meta, es algo transitorio. La meta es lo más importante, no lo que se siente en el camino hasta ella. Si logra focalizar en este tipo de pensamientos, no considerará tremendo el dolor moral que está viviendo.

2. **Evalúe si el dolor o frustración que vive es para lograr algo mejor que dure en el tiempo o para evitar un estado de angustia en el presente.** Si es para lograr una mejor calidad de vida, el esfuerzo o la frustración serán necesarios. Por ejemplo: Si levantarse a las 6 de la mañana genera molestia y angustia, pero sirve para sostener un trabajo, el esfuerzo habrá valido la pena. Pero si el cansancio

o el dolor moral surgen porque estoy esforzándome cuando en realidad debería hacer reposo, por ejemplo, en el caso de un posoperatorio, tendremos que reorientar las acciones.

3. **Incorpore el esfuerzo físico y psíquico como parte del proceso.** A veces, queremos evitar el cansancio físico, ya que genera cierto nivel de angustia y frustración, como por ejemplo, en alguien que tiene que caminar para bajar de peso o trabajar todo el día para sostener una familia. Si pensamos que el esfuerzo físico es una parte del proceso, esto nos ayudará a no sobredimensionar la frustración que genera.

4. **Agregue la palabra "transición" a su mente.** Si las personas tuvieran que vivir siempre sufriendo sin avanzar a un nivel superior, esto sería muy perjudicial y desmotivador. Debemos aprender a ver el esfuerzo y la frustración como un camino, algo que es solo transitorio. No es para siempre, no es así la calidad de vida que se debe llevar. Un paciente que va a ser operado se interna en el hospital durante un tiempo para exámenes y estudios. No es algo permanente, el paciente sabe que cuando termine el proceso tendrá una vida mejor y más funcional. Ese es el objetivo de su intervención. En el resto de las situaciones, es igual. Aprender a ver los momentos de dolor como pasos transitorios para llegar a metas superiores.

5. **Ejercite el recurso de la paciencia.** Sin paciencia, no hay potencia para desarrollar la tolerancia a la frustración. La paciencia es la virtud que permite soportar los infortunios,

es la capacidad de esperar que una situación llegue a su fin. Pero lo más importante, es la capacidad de esperar sin alteración del estado de ánimo interno. Obviamente que si no hay paciencia, hablaremos de la otra cara: la baja capacidad a la frustración. La falta de paciencia es otra característica de los que no saben tolerar el dolor del momento y quieren recibir de forma inmediata la recompensa.

6. **Añada a su mente la palabra fracaso.** Como decía al comienzo de este capítulo, el desarrollo de una autoconfianza funcional está más asociado a descatastrofizar el fracaso que a lograr el éxito. Debemos incorporar en nuestras mentes que el fracaso es una posibilidad; y si es una posibilidad, puede sobrevenir, pero eso no significa el fin. Aprender a incorporar la posibilidad de que los planes pueden no salir como esperábamos trae cierta tranquilidad y quita presión, lo que permite un estado psíquico pleno para su ejecución.

7. **Expóngase, corra riesgos controlados.** Una vez que haya incorporado estos pensamientos, luego de repasarlos y de que se hagan familiares, debe comenzar a correr riesgos controlados. Esto significa que puede planear pasos cortos para alcanzar lo que anhela conquistar. Por ejemplo: Si quisiera desarrollar un negocio, comience con inversiones mínimas, porque en caso de que algo salga mal, el nivel de caída será soportable. Siempre debe buscar que el riesgo sea lo suficientemente grande como para llevarlo a un nivel de éxito motivador, pero también debe evaluar que el posible fracaso no lo inhabilite en el futuro. Otro ejemplo:

alguien que tiene miedo a la exposición pública y para vencerlo se expone en vivo en un canal abierto de televisión. Si la experiencia sale bien, probablemente, resolverá muchos años de angustia; pero si tiene un acceso de pánico mientras está en vivo, se quedará con una sensación muy traumatizante y, quizá, el remedio sea peor que la enfermedad.

Correr riesgos es necesario para aprender a fracasar y a frustrarse. No hay otro camino más que el de la exposición luego de familiarizarse con los pensamientos antes mencionados, pero esa exposición debe ser en ambientes controlados.

6. La angustia de la frustración es una posibilidad de éxito

¿Por qué comer migajas si podemos tener la torta entera?

En una oportunidad, un niño miraba a su madre mientras ella preparaba una torta para comer a la tarde. Él estaba muy ansioso por probarla, pero su madre le había advertido que si la probaba, se quedaría sin comer ese día. El deseo del niño fue demasiado lejos. No bien la madre se descuidó, metió uno de sus dedos para arrancar alguna miga de esa torta que parecía tan sabrosa. Al ver la conducta de su hijo, su madre, decepcionada, aplicó una disciplina para su entrenamiento. Ese día, el niño se quedó sin torta por concentrarse en las migajas.

En la vida cotidiana, pasamos por muchas situaciones similares. Preferimos adelantar el postre a la comida. Preferimos lo rápido y fácil a lo duradero pero lejano. Aprender a concentrarse en el futuro es muy útil para facilitar el presente, ya que el presente de hoy, es el futuro de ayer.

Una historia similar a la de Pamela, que conté anteriormente, fue la de Antonio. Él había decidido ser arquitecto, le encantaba trabajar en la construcción. Sus padres, con mucho esfuerzo, sostenían su carrera universitaria en una ciudad a 300 kilómetros de su casa. Pero Antonio no sabía frustrarse, él no entendía el concepto del esfuerzo. Le gustaba la diversión y no sabía dejar para otro momento el placer y angustiarse en la rutina del trabajo. Probablemente, esto ocurría porque una madre sobreprotectora nunca había permitido que su hijo se frustrara, asociado a una creencia demandante que suponía que su hijo no debía sufrir. El papá de Antonio era un hombre trabajador, no intervenía mucho en la crianza de su hijo, lo que le permitía a la madre aumentar la protección creyendo que esto era lo mejor. Cuando el joven se encontró en la ciudad solo y con muchas responsabilidades, respondió con los únicos recursos psíquicos que tenía: escapar al sufrimiento. Por esto, cada vez que él tenía que ponerse a estudiar, le costaba mucho y se distraía con cualquier actividad anexa que pudiera presentarse: una película, una llamada telefónica, Internet, un mensajito con sus amigos, un partido de fútbol, salir a la calle para descansar, etcétera. Pasaban los años, y Antonio no avanzaba en la carrera. Su madre no entendía, le había dado todo para que alcanzara el éxito, pero su hijo no respondía como ella quería. Finalmente, el padre le explicó que no podía sostener los gastos del estudio durante más tiempo, por lo que tendría que buscar trabajo si quería seguir estudiando. Antonio no supo mantener las dos actividades y tuvo que escoger por la más necesaria que, en este caso, era el trabajo. Hoy es albañil, aunque él hubiera querido ser arquitecto. No puede disfrutar económicamente lo que hubiera podido tener si hubiera terminado su carrera, por eso, continuamente se pregunta cómo fue que no aprovechó el tiempo. Hoy está comiendo las migajas de lo que hubiera sido una excelente torta.

Cuando el dolor del esfuerzo trae el sabor del éxito

Antonio no logró éxito en su proyecto estudiantil. ¿Por qué? ¿Cuál fue el error?

No supo adaptarse. Ya no estaba más en los cálidos brazos de su madre que lo cuidaba y no permitía que nada malo le sucediera, ahora tenía que responder por sus propios medios a la responsabilidad del estudio y, como no estaba preparado, no supo enfrentar esta nueva situación. Estudiar, para muchos, es cansador, implica estar concentrado y entender los conceptos nuevos que se leen. Requiere mucho esfuerzo, y ese esfuerzo conlleva angustia por el dolor temporal que implica la actividad. Esto fue exactamente lo que llevó al fracaso estudiantil a este joven: su baja capacidad de frustrarse cada vez que tenía que estudiar. Algo en su interior le decía que era más placentero disfrutar el momento que esforzarse para el futuro. Había una creencia de plataforma que decía, de alguna forma, que él no debía sufrir, que él podía evitarlo. Esforzarse significaba sufrir. En forma temporaria, pero sufrir al fin. Antonio no tenía el recurso psíquico conocido como "tolerancia a la frustración" o "capacidad de frustrarse". Por lo tanto, cada vez que se veía en alerta de sufrimiento, porque tenía que estudiar, automáticamente (es decir, de manera inconsciente), evitaba la situación como mecanismo defensivo y buscaba una alternativa para no frustrarse. Esta forma de proceder, con el tiempo, trajo su fruto: no terminó la carrera y acabó haciendo lo que no quería: *esforzarse*, pero esta vez de manera mayor, ya que no tendría los recursos económicos para tener la comodidad que deseaba o a la que estaba acostumbrado. Si Antonio hubiera aceptado el dolor de la *frustración inicial* (estudiar), no hubiera tenido que soportar el dolor de la *frustración mayor* (no tener el trabajo que le gustaba). El dolor de la frustración bien elaborado nos lleva al éxito.

Tipos de dolores

La palabra dolor, en la lengua española, significa "una sensación aflictiva de una parte del cuerpo; congoja y pena que se padece en el ánimo". Cuando decimos que el dolor del esfuerzo nos lleva al éxito, no nos estamos refiriendo a dolores patológicos, sino a dolores fisiológicos. Si bien el tipo de dolor que más se maneja dentro de la psicología es el dolor anímico o moral, también la baja capacidad de tolerar dolores físicos lleva a conductas disfuncionales.

Veamos los distintos tipos de dolores a los que podemos vernos sometidos:

En relación con su ubicación:

–*Dolor físico:* Proceso sensitivo desagradable que se manifiesta en alguna parte del cuerpo.

–*Dolor anímico o moral:* Proceso sensitivo desagradable que se manifiesta en la psiquis.

En relación con su funcionalidad o utilidad:

–*Dolor fisiológico*: Proceso sensitivo desagradable que antecede un estado más evolucionado que permite la adaptación a la situación.

Por ejemplo: Cuando hacemos ejercicios físicos, el dolor del esfuerzo muscular da cuenta de que los músculos se están hipertrofiando para mejorar la fuerza, la potencia y la resistencia. El resultado es que ese cuerpo estará más preparado para realizar esfuerzos. En el caso de nuestro tema, puede ser el esfuerzo por leer este libro. Al finalizar, tendrá más información acerca de la autoconfianza y estará mejor preparado para desarrollarla.

–*Dolor patológico:* Proceso sensitivo desagradable que se manifiesta como alerta de un estado de salud mental o físico. Por lo general, si esta alerta no es tenida en cuenta, el estado posterior del sujeto será cada vez peor.

Por ejemplo: Muchos creen que las adicciones se viven con cierta felicidad, sin embargo, el único momento de placer que tienen las personas dependientes de las drogas es cuando están impregnadas con ellas. Cuando ese efecto desaparece, sobreviene un estado de angustia altamente desgarrador, al punto que empuja a la persona a volver a consumir para evitar ese dolor psíquico. Ese tipo de dolor es patológico, la persona lo experimenta en forma creciente cada vez, no conduce a un estado mejor, es una alerta de que algo malo va a ocurrir si no se soluciona esta situación.

Cuando hablamos de soportar el dolor, hablamos del dolor fisiológico. Es decir, aquel que no va a matar al paciente, sino le va a permitir, cuando lo elabore, aumentar sus recursos psíquicos para enfrentar nuevas situaciones.

Analía se peleó definitivamente con su novio, ella está muy triste y quiere tomar algún tipo de antidepresivo para evitar el sufrimiento. Se le explica que este tipo de dolor es fisiológico, que ella va a sufrir porque se generará un cambio en sus recursos y ahora le conviene adaptarse a esta nueva situación porque podría estancarla en su desarrollo. Si no elabora esta separación, sufrirá de forma continua, porque querrá seguir con los recursos antiguos en la nueva situación: estar sin su novio.

Aprender a soportar la frustración nos permite ser psíquicamente inmunes ante cualquier instancia. Aprender a soportar la frustración nos permite funcionar mejor, lo que nos ayudará a alcanzar más rápidamente el éxito en las cosas que emprendamos y disfrutar más intensamente de las situaciones. Todos podemos tener esto.

7. Cómo convertir un fracaso en una oportunidad de éxito

Los fracasos son las experiencias más frecuentes en la vida de las personas. Una letra mal escrita en la escuela primaria, una resta mal solucionada, un trabajo que no se logró, un ejercicio físico que no alcanzó a realizar, un noviazgo frustrado, un trabajo perdido etcétera.

Recuerdo que en mi adolescencia, solía ir con un amigo a unas salas de juegos donde, con solo unas fichas, uno podía divertirse un rato con las máquinas. En cierta oportunidad, quise jugar en una máquina, pero había alguien que la ocupaba, así que mientras esperaba mi turno, me quedé mirando cómo jugaba. La habilidad de ese chico era impresionante; con una sola "vida" en el juego, había pasado todas las etapas y estaba llegando al final.

Mi intriga pudo más y quise averiguar:

—Jugaste impresionantemente y ¡con una ficha!, ¿cómo puedo aprender? —le pregunté.

Él me miró muy tranquilo a los ojos, luego miró mi mano llena de fichas para la máquina y me dijo:

—Yo perdí muchísimas fichas aprendiendo, el único truco es jugar hasta que te salga.

Ese chico tenía un par de años más que yo, pero recodaré esas palabras toda mi vida, "Yo perdí muchísimas fichas aprendiendo", este concepto me sirvió para todo. La mejor forma de aprender es aceptar que, al comienzo, se va a perder hasta aprender y que para aprender solo se deben evaluar los errores cometidos y no se debe evitar su repetición.

Existen algunos pasos prácticos para lograr que los fracasos sean plataformas de éxitos, veamos algunos:

1. **Hacer un chequeo personal y detectar los errores.** Todos sabemos que cometemos errores, pero muchas veces perdemos tiempo intentando demostrar que no es así con el fin de aparentar algo que no es y caemos en un mecanismo defensivo para evitar que otros puedan ver nuestras debilidades y quieran apartarse de nosotros o esquivarnos. Sin embargo, no hay nada más agradable que las personas sean sinceras y que se animen a reconocer sus errores. Nadie quiere ser amigo de personas altivas y necias que, aun viendo sus errores, se resisten a esa realidad y la niegan hasta enredarse en discusiones. Examine en qué está fallando y luego corrija su error. Aproveche que se equivocó para no volver a transitar ese camino nuevamente, de lo contrario, volverá a pasar por ese mismo lugar una y otra vez. El Dr. John Maxwell, conferencista internacional y autor de *Las 21 leyes irrefutables del liderazgo* dice: "Cuando de éxito se trata, no es el número de errores que uno comete, sino el número de veces que comete el mismo error". Incorpore la idea de que los errores son un precio para el progreso. Muchas personas toman los errores como ofensas personales. Asumen que reconocer errores o cometerlos es algo que puede deshonrarlos, por este motivo, cuando los viven, los toman como niveles de fracasos

catastróficos que llevarán a un estado peor en el futuro. Sin embargo, lograr ver los fracasos como pequeños pasos para seguir avanzando es una herramienta poderosa que permitirá tomar riesgos y mejorar la autoconfianza. Se debe comprender que el fracaso es una parte saludable e inevitable del proceso de crecimiento personal.

2. **Ser tenaz en aprender de los fracasos.** Las personas pueden responder al fracaso de dos formas: o se paralizan por el desánimo vivido ante la frustración o se concentran en ver de qué forma no vuelven a cometer los mismos errores. Los que se desanimen y se detengan no aprenderán, y es probable que sostengan por largo tiempo sus errores porque estarán concentrados en la angustia y no en ver el error. Los que se concentren en el error y no en la sensación de frustración aprenderán rápido y lograrán las metas que se propongan.

3. **Pedirle a otros que nos ayuden a identificar los errores.** Busque personas de confianza con las que se sienta cómodo para hablar de sus asuntos personales. Por lo general, es bueno hacerlo con un consejero, un pastor, un amigo, un cura, un padre o una madre, o quien sea que cumpla una función de contención en su vida. Dialogue acerca de sus metas y sus fracasos. Pregúnteles por sus errores, cuáles creen ellos que usted no está viendo, así, podrá dejar de cometerlos. Una vez que los reconozca, piense en ellos y realice los cambios pertinentes.

8. Los problemas no son fracasos, pero generan frustración

¿Quién quiere problemas? Creo que, al contestar esta pregunta, podremos entender por qué los problemas generan sensaciones de frustración. Es que nadie espera problemas o dificultades, todos pretendemos que las cosas marchen sin contratiempos.

La exageración dramática ante los problemas y la visión del futuro como algo catastrófico empuja a las personas a vivir vidas muy estresadas y angustiantes. El temple en el ánimo, el humor estable en medio de los problemas hablan del carácter de las personas y de su calidad de vida. Quien aprenda a desarrollar sus creencias y a confirmarlas a través de los problemas tendrá un carácter más sólido.

Un pasaje de la Biblia, al comienzo del libro de Santiago, dice que la prueba de la fe produce paciencia y que es la paciencia una característica de la perfección. ¡Cuánta verdad! Cuando invertimos tiempo en vivir los problemas y en solucionarlos sin desgastarnos en la queja y en pensamientos catastróficos, desarrollamos una actitud interna de temple. Esto traerá una mejor calidad de vida que se verá reflejada, incluso, en lo biológico:

- Se evitará la hipertensión arterial que normalmente se dispara ante los estados de alerta. La hipertensión arterial también produce daño renal, así que una buena calidad de vida supone el mantenimiento de esta función orgánica.
- Se prevendrá el riesgo de accidentes cerebrovasculares, que son comunes con la hipertensión arterial elevada.
- Se mantendrán los niveles normales de cortisol, que normalmente aumentan en situaciones de estrés y producen

daño en el páncreas cuando se sostienen elevados mucho tiempo.

De la misma forma que cuidamos nuestra salud física, lo hacemos con nuestra salud psíquica, ya que tendremos una adecuada capacidad para tomar decisiones, porque la atención estará concentrada en el problema y no en el estado de ánimo.

¿Con qué pensamientos abordamos los problemas para tener una buena actitud interna?

1. **Analiza la forma en la que llegaste hasta allí.** Es bueno preguntarte qué cosas no volverías a hacer. Repasa y reflexiona sobre si hay algo que tiene que deshacerse. Si lastimaste a alguien, pide perdón. Si corresponde que restituyas, hazlo. Si el problema es externo a tus acciones, evalúa las causas.

2. **Produce alternativas de solución**. Reúnete con personas de confianza, si hace falta, para pedir una opinión, pero nunca dejes el tema abierto a todos. Siempre debes tener un número acotado de opiniones y de gente sabia para que la diversidad de opiniones no te genere confusión. Un mismo error puede tener múltiples soluciones.

3. **Evalúa el problema**. Si consideras que tiene solución, trabaja en ello. Si consideras que no tiene solución, después de evaluarlo, elabora la pérdida y continúa con la próxima etapa.

4. **No vivas el problema como un castigo**. Transita la situación como parte de la vida. Acepta los problemas como

una parte natural. Quien no acepta que la vida está llena de dificultades no está apto para vivir. Las cosas pueden pasar y, si pueden pasar, ¿por qué no pasarán?

5. **Piensa el problema como un proceso.** No creas que lo que está pasando durará una eternidad. Una dificultad económica no tiene que ser para siempre, por más difícil que sea remontar posiciones económicas, si no se tiene el coraje de mirar la situación como algo que puede ser transitorio, la angustia formará parte de la imagen de futuro y producirá una sensación de vértigo y horror.

6. **Sobrelleva el problema sin castigar a los demás.** Por más que haya culpables, a menos que otros tengan que resolverlo, la bronca y el enojo solo te restarán capacidad psíquica de resolución.

9. Para adquirir autoconfianza es necesario correr riesgos

Ya vimos las distintas formas de vivir las frustraciones, también revisamos las causas de los fracasos y de los problemas. Ahora, es necesario que avancemos en nuestro tema central, teniendo en cuenta que no habrá forma de lograr asertividad sin correr riesgos.

El riesgo es el peligro que puede existir ante una determinada situación. No hay forma de confiar en nuestra capacidad de hacer cosas, si no es desarrollando primero, cierta familiaridad o conocimiento de esas cosas. Para confiar en nosotros, tenemos que conocer nuestras reacciones en determinadas situaciones, cómo afrontaremos un problema, pero si tememos fracasar, entonces, será difícil animarse y nos paralizaremos, y de este modo, prolongaremos en el tiempo la baja autoconfianza.

- **Cómo correr riesgos y adquirir autoconfianza.** Esto puede verse en la actitud de los niños al comenzar el jardín de infantes. Recuerdo cuando llevé a mi hijo Nicolás al jardín por primera vez. Él lloró mucho y no quería quedarse. Me costó vivir esa situación de angustia, creo que la mayor prueba para un padre es ver sufrir a un hijo mientras conquista sus metas. La segunda vez, el llanto de Nicolás no fue tan fuerte, y la situación fue mejorando cada día más. Finalmente, él entraba seguro al aula, ya que había adquirido cierto nivel de confianza en sí mismo para enfrentar la situación. No hubiera podido lograrlo solo con mis explicaciones. Ya habíamos hablado mucho al respecto. Solo la vivencia fue determinante en el momento de convencerlo de su capacidad para hacer nuevos amigos y para manejarse dentro de un ambiente donde sus padres no estaban.

- **Los riesgos son riesgos.** Eso significa que nadie puede enfrentar riesgos con la creencia de que nada malo puede pasar. Sin embargo, asumir riesgos con la mentalidad de que es el único camino necesario para vivir es diferente. Las personas corren riesgos todo el tiempo. Las personas corren riesgos todo el tiempo, en la casa, en el trabajo, en la calle, etcétera. Los riesgos existen y son parte de la realidad, sin embargo, el abordaje mental de los riesgos debe hacerse pensando en las posibilidades o en las probabilidades que se presentarán.

Un error común en la mayoría de las personas que tienen miedo a correr riesgos es confundir la valoración de los posibles riesgos evaluándolos desde la perspectiva de la posibilidad y no desde la perspectiva de la probabilidad. Para entender este principio, partiremos de que todo lo que puede ocurrir en la vida de las personas, es posible que suceda; pero no todo lo que es posible que suceda es altamente probable de que ocurra. Las personas no nos desenvolvemos por la vida basándonos en las posibilidades, sino según las probabilidades de los futuros acontecimientos. Por ejemplo: Puede ser que durante una entrevista de trabajo, me cueste expresarme y no logre el puesto que deseaba. Pero que sea posible no significa que sea altamente probable. ¿Por qué? Pues las personas tienen entrevistas de trabajo. Yo soy persona. Las personas se expresan por su voz. Yo tengo voz. Las personas se ponen nerviosas. Yo también. Las personas suelen ser aceptadas en sus entrevistas de trabajo, de lo contrario no habría empleados. Pues bien, yo soy persona y estoy dentro de las opciones para lograr ese puesto.

Ponerme a pensar en la posibilidad y no en la probabilidad entorpece el deseo de correr riesgos. Cuando las personas viven bajo el sistema de las posibilidades, viven cada posibilidad como una probabilidad alta e invierten mucho tiempo en esos pensamientos y conductas. Estas personas tendrán un nivel muy alto de ansiedad y estrés, pero además, no querrán correr riesgos, ya que se mantienen alejadas de la posibilidad de fracaso y, por ende, de la frustración. Estarán demasiado pendientes de cómo evitar perder los trabajos en vez de trabajar; estarán demasiado tiempo pensando en las consecuencias de una mala nota en la facultad en vez de estudiar; estarán demasiado tiempo pensando en la vergüenza que pasarán por no ser sociables, en vez de sociabilizar; etcétera. ¿Cuál es la probabilidad de que esto ocurra realmente? Es la pregunta que tenemos que realizarnos. Si la respuesta es "una baja probabilidad", ya sabemos en qué no tenemos que pensar.

Algunas pautas para correr riesgos:

1. **No mires tu pasado, mira tu presente y contabiliza tus recursos.** Repasa los errores cometidos hasta aquí y toma las medidas necesarias. Haz todo lo que esté a tu alcance; pero cuando ya hayas hecho lo suficiente, debes dejar que Dios haga el resto. Dios no va a hacer lo que puedes hacer tú, pero tú no puedes hacer las cosas que son de Dios.

2. **Proponte metas cortas y fácilmente realizables.** Alguien me dijo una vez "cuida tu fe". Debes desarrollar tu confianza. Cada logro reforzará el concepto interno de capacidad. Por ejemplo: Si lo que quieres es poner una pizzería, no te lances de una vez. Prueba primero hacer pizzas, hazlas hasta que la gente te diga que es un buen producto. Practica, cuando tienes la práctica, busca un local y estudia el mercado. Habla con otros que están en el rubro. Cuando tengas los suficientes datos, prueba con la inversión. Las posibilidades son dos: o te va bien o te va mal. Si es la primera, genial. Si es la segunda, hiciste todo lo posible, solo vuelve a intentarlo; o hazlo en otro lado, o en otro rubro, o de otra forma, pero no te detengas.

3. **Estudia.** La información te permite tomar tus propias decisiones. Lee, aprende. Vivimos en una época donde la información está al alcance del dedo índice. Con solo apretar un botón, haciendo clic, hoy podemos estar al tanto de lo que ocurre en el mundo. No hay motivos para

que permanezcas en la ignorancia. Es la ignorancia lo que te mantendrá cautivo. Por el contrario, el conocimiento traerá libertad al ser humano.

4. **Puedes buscar a otros que quieran correr riesgos contigo.** Puede ser que quieras que otros te apoyen en el caso de un riesgo económico. Quizá, la ayuda de un tercero disminuya el nivel de ansiedad. Otro ejemplo puede ser el de animarse a hablar en público. Busca a alguien que esté cerca de ti y que sea de tu confianza o una "persona antifóbica", que te permitirá vivir con menor nivel de angustia la exposición.

Cuando las personas comienzan a correr riesgos, sí o sí, aprenden a sobrevivir a los fracasos y viven con alegría los éxitos. Pero sí o sí, deben correr los riesgos necesarios para avanzar, sabiendo que la frustración forma parte del camino de la formación de la autoconfianza.

C A P Í T U L O 7

Lograr autoconfianza depende de estos principios

1. Tres actitudes que definen todo

La actitud es la postura interna que tenemos frente a las circunstancias. Es la conducta de nuestros pensamientos más el ánimo que le infundimos. No es lo mismo hacer algo con la actitud adecuada, que hacerlo con una actitud incorrecta. Si somos personas quejosas, nuestros pensamientos traerán desgano y tendremos que enfrentar no solo la adversidad que nos desafía, sino también, nuestra propia conducta interna. Cuando es así, libramos una doble batalla, y por lo general, la batalla contra nosotros mismos es la que nos hace fracasar y abandonamos. Las actitudes son las posturas internas que definen nuestras conductas externas.

Una paciente me contaba que cuando su madre le pedía algo, ella la obedecía por miedo al castigo, pero en su interior, se imaginaba que hacía lo opuesto. Por dentro, desobedecía la voz de su madre. Esa es una actitud de resistencia. No importaba cuánto ella podía obedecer con su cuerpo, con su mente estaba en total desacuerdo y enojada. El resultado: las cosas que hacía con esa actitud no le salían nada bien, y su madre, la mayoría de las veces, la mandaba a hacer la misma tarea.

Para poner en acción los conocimientos adquiridos hasta aquí, hay que desarrollar pasos prácticos que requerirán de actitudes definidas. Estas posturas internas definirán el logro de una buena autoconfianza. Se puede decir que, una vez puesto el fundamento, se deben adquirir dinámicas de conductas coherentes con lo que se piensa.

Cuenta la historia, que hubo un hombre llamado Moisés unos 2000 años antes de Cristo. Él fue un gran líder que sacó de Egipto a un pueblo llamado Israel. (Este es un relato bíblico). Moisés, luego de muchos años de aplomo emocional, logró un carácter que le permitió fundar una nación con un grupo de esclavos. Todos lo admiraban. Había derrotado solo con una vara al gran faraón de Egipto, la nación más poderosa de la Tierra. Todos conocían a Moisés, las tierras vecinas comenzaron a contar su historia y las cosas extraordinarias que podía hacer ese hombre con su Dios. Luego de cuarenta años de andar por el desierto, Moisés llegó a la tierra que Dios les había dado, pero él no pudo entrar. Dios le había dicho que no iba a entrar y que preparara a su sucesor. Moisés preparó a Josué, un joven que lo seguía desde hacía tiempo y era su discípulo. Sin embargo, Josué no era Moisés. Moisés era una leyenda viva, un héroe, un gran hombre que había hecho cosas increíbles. Josué era un joven que tenía que tomar su lugar y ponerse en los zapatos de Moisés no era cosa fácil. En una situación como esa, es difícil no sentir que la sombra de un grande opaca la luz propia. Pero dice la historia que cuando Josué recibió esa orden de parte de

Dios, la de seguir guiando al pueblo porque Moisés no estaría, Dios le dijo algo así: "No te separes ni de día ni de noche de mis enseñanzas para que te vaya bien en todo. Yo te mando que seas esforzado y valiente, no te desanimes, y yo estaré contigo donde quiera que vayas". Estas palabras quedaron grabadas en el corazón de Josué, y su nombre quedó grabado en la historia junto al de Moisés. No fue ni más chico ni más grande, fue un excelente sucesor.

Existen tres tipos de actitudes que definen el éxito para lograr una buena autoconfianza. Tomo esta historia como ejemplo, porque habla de tres aspectos que todos lo seres humanos necesitamos para tener éxito en cualquier emprendimiento que realicemos. Tres actitudes necesarias para no quedarnos atrás y para alcanzar nuestras metas: la constancia, el esfuerzo y la valentía.

Muchas veces, pareciera que tan solo se trata de tomar una decisión, que lo difícil para producir cambios es decidir hacer algo para mejorar. Sin embargo, cuando se llega a esa instancia, se está en la fase dos de la resolución del problema. Ya se pasó por la número uno, pero falta la tres.

Para cumplir con nuestras metas y tener éxito en nuestros proyectos, debemos pasar, por lo menos, por tres etapas. En una primera fase, se trata de analizar el problema que hay que resolver o de proponerse algún objetivo para alcanzar. En esta fase, se identifican los problemas y se hacen los análisis pertinentes de cómo resolverlos. En una segunda fase, se toma la decisión de realizar el cambio y de qué modo se hará. Para muchos, esta fase parece ser la definitiva. Llegan hasta aquí y creen que por decidir el cambio o el desarrollo del carácter, este se realizará solo. Sin embargo, falta una fase fundamental, la tercera fase del cambio. Esta es la fase de la constancia hasta conseguir la meta, ya que sin constancia no se logran resultados. No basta con tomar decisiones, es necesario sostenerlas hasta conquistar los objetivos, de lo contrario, solo habremos tenido buenas intenciones.

Constancia

La constancia es la capacidad de sostener en el tiempo una decisión acompañada de una acción y no finaliza hasta que se logra alcanzar la meta por la cual fue usada. La constancia permite corregir los errores y perfeccionar las acciones. Por ejemplo: Un joven que practica piano de forma persistente y sostenida en el tiempo tiene posibilidad de llegar a ser un gran pianista y un concertista a nivel internacional. Eso se debe a que durante el tiempo en que practicó, cometió y corrigió los errores tanto como pudo para que no volvieran a aparecer.

La constancia permite repasar los conceptos muchas veces y da un conocimiento cabal de la situación. La constancia tiene su éxito debido a la posibilidad de equivocarse muchas veces y de conocer las formas de resolución de esas dificultades. La constancia en hacer las cosas brinda práctica y perfeccionamiento. Eso les permite a las personas saber cómo resolver los problemas en relación con lo que practican.

Haber hecho durante años tantas guardias en hospitales psiquiátricos con mucha constancia, me dio confianza para saber cómo manejar una situación de emergencia psiquiátrica. En una oportunidad, entró un compañero nuevo, un médico recién recibido. Estaba un poco nervioso, así que le dije que se quedara a mi lado para que fuera aprendiendo cómo manejar las situaciones desde un enfoque práctico (así habían hecho conmigo). Durante las primeras guardias, lo vi muy nervioso, prácticamente yo hacía una doble guardia. Pero con el correr del tiempo, vi cómo evolucionaba y adquiría confianza. Ya no preguntaba tanto, usaba más su criterio médico. Ya no titubeaba para tomar una decisión. Si algo no sabía, preguntaba, pero no se quedaba paralizado. Ángel, que así se llamaba, fue adquiriendo práctica de forma permanente gracias a su constancia para asistir a esas guardias. Lo interesante de esta historia es que Ángel no tenía obligación de ir, él era pasante voluntario, no tenía necesidad de ir tantas veces todas las semanas. Pero lo hacía solo para aprender. Su constancia y su determinación hicieron que aprendiera rápido. Cometió muchos errores, pero los fue corrigiendo. Con el tiempo, cada vez se equivocaba menos y, finalmente, era él quién les decía cómo había que actuar a los jóvenes que entraron después.

La constancia es la base sobre la cual debe montarse todo lo que hemos hablado hasta aquí. No aparecerán los recursos y las capacidades que necesitamos de la noche a la mañana solo por leer o solo por hablar. Se desarrollarán con el tiempo, con la perseverancia, con la decisión de aprender y de volver a intentar hasta conquistar las metas.

La constancia en el tiempo es fatigante, produce cansancio, y este engendra frustración y desánimo, que empujan a abandonar las actividades no tanto por creer que así debiera ser, sino por el agotamiento que se tiene. Es en esos momentos cuando se debe asumir como actitud el esfuerzo.

Esfuerzo

El esfuerzo al que me refiero no es la capacidad de resistir físicamente el cansancio, sino de tolerar el agotamiento mental que se genera por intentar reordenar los pensamientos de forma continua. El trabajo de reentrenamiento que hacen las personas cuando quieren cambiar su forma de pensar es agotador.

La decisión de esforzarse en continuar aprendiendo y en continuar repasando la forma de pensar y de creer es fundamental para sostener el cambio. El esfuerzo es una actitud; es algo que cuando está, no desaparece, aunque estemos en estado de quietud física. No es una obligación, no se trata de hacer algo porque otros me lo piden, es una decisión; por eso, es una actitud porque es conducta interna. No se fortalecerá mi autoconfianza porque alguien me obligue a tenerla, no pueden obligarnos a desarrollar pensamientos que no queramos. Para desarrollar la autoconfianza, debe haber una decisión de hacerlo, debe haber una postura de esfuerzo en lograrlo. Debe saberse que no será fácil, pero de todos modos, nos esforzaremos.

El esfuerzo que necesitaremos estará relacionado con nuestra capacidad de resistir el sufrimiento de la transición. Tenemos que saber que desde que nos decidimos hasta que alcanzamos la meta de tener una autoconfianza adecuada, pasará un tiempo de transición que no será sencillo. Al contrario, por momentos parecerá que vamos en sentido contrario, que cuanto más nos esforzamos en creer en nuestras capacidades, peor nos salen. Justamente, cuando las circunstancias nos dicen que no somos capaces, cuando nuestros errores, nuestra timidez, nuestra introversión nos juegan malas pasadas, es en ese momento, cuando debemos ser más obstinados y volver a intentarlo.

El esfuerzo es una actitud visible en gente aguerrida. Digo aguerrida cuando me refiero a las personas que no le temen al dolor moral, al dolor psíquico. Gente que sostiene la decisión de esforzarse porque sabe que detrás de esa angustia se encuentra el poder de confiar en los recursos que Dios le depositó en su vida y porque cree que solo por esta potencia es capaz de alcanzar las metas que se proponga.

La historia de John es la más apropiada para dar un ejemplo:

John es un joven de unos 35 años. Cuando lo conocí estaba en una clínica psiquiátrica internado por intoxicación con cocaína. Uno de los principales enfoques en el trabajo de personas con problemas de adicciones, es enseñarles a desarrollar la tolerancia a la frustración. John no era la excepción, su intolerancia a sufrir adversidades era muy aguda, pero encontrarse en una clínica encerrado contra su voluntad era algo que lo había hecho reaccionar.

—¿Cómo puedo ayudarte? —le pregunté la primera que lo vi.

—No lo sé, usted es el terapeuta —me dijo muy entusiasmado.

—Pues bien, necesito saber si tienes problemas con las drogas, y si necesitas ayuda. —Siempre pregunto si el otro necesita mi ayuda, de lo contrario es una imposición.

—Creo que sí, estoy en el fondo y arruiné todo lo que tengo y a mi familia —me respondió.

—Quiero que sepas que salir de las drogas es muy costoso, ¿estás dispuesto a pagar?

—Y bueno, gasté mucha plata en las drogas, creo que pagar por mi recuperación es lo menos que puedo hacer.

—Excelente, pero quiero que entiendas que NO ESTOY HABLANDO DE DINERO, lo que tienes que pagar es ESFUERZO, si fuera dinero, no sería un esfuerzo para ti, ya que administras lo que no ganaste ni te costó, que es el dinero de tu familia (John tiene campos y su posición económica es consistente).

—¿Y qué esfuerzo tengo que hacer? —me dijo, un poco más preocupado.

—Debes entrevistarte conmigo dos veces por semana y vendrás a un programa de reentrenamiento emocional tres veces por semana.

—Pero yo vivo a unos 200 km de Córdoba. ¿No puedo hacerlo en menos veces? —me dijo algo preocupado.

—Pues de eso se trata, no será así siempre, pero debes esforzarte y en tu situación se le agrega la distancia. No puedes hacerlo en menos veces.

Se quedó pensando y me dijo:

—No tengo otra opción.

—Sí que la tienes, puede optar por ignorar mis palabras y seguir intentando a tu forma.

—Pero no tendría resultado.

—Quizá no tengas éxito. ¿Qué quieres hacer?

—Voy a esforzarme. Decido pagar el esfuerzo —afirmó entusiasmado.

John asistió durante dos años cinco veces por semana para recuperarse. No solo dejó las drogas, sino que aprendió a dominar sus impulsos. Hoy es uno de los ayudantes terapéuticos del programa que él mismo transitó. Hubo tiempos de enojo, de resistencia, de rebeldía, pero siempre puso por delante la decisión de pagar el esfuerzo para salir con éxito de las drogas. Aprendió a tolerar la frustración de esfuerzo y actualmente administra con éxito las tierras de su familia, está casado y tiene planes concretos sobre su futuro.

Valentía

La valentía es la decisión de correr riesgos sabiendo que puede haber pérdidas. Es una actitud que sostiene a las personas sin menguar en su marcha hacia las metas que se propusieron. En la vereda de enfrente, el temor detiene a las personas. Por lo general, el temor intenta resguardar. Intenta retener lo que se tiene para que no se pierda. Básicamente, se prefiere no progresar antes que correr el riesgo de perder lo que se tiene. La valentía es la decisión de quebrar el temor, es la actitud de ir por más, de ganar lo que falta, de buscar aquello que nos pertenece, aquello que tenemos derecho a obtener.

La valentía se decide, pero no porque se decida ser valiente se deja de sentir temor o intimidación, por eso, luego de decidir enfrentar con valor lo que se teme, hay que tomar decisiones de acción. Esas decisiones no estarán asociadas a deseos, no tendremos ganas de hacer lo que decidimos, pero lo mismo debemos hacerlo para poder llevar adelante nuestra decisión de ser valientes y así avanzar en el control de aquello que nos intimida, que puede ser algo material, un objeto, una situación, personas, posiciones, responsabilidades, etcétera. Todo aquello que nos intimide y nos deje con la sensación de que no seremos capaces de vencer, debemos enfrentarlo.

Atendí hace mucho tiempo a Franco, un paciente que deseaba aprender a hablar en público y no inhibirse. Por este motivo, decidió exponerse para comenzar a vivir la experiencia y así lograr acostumbrarse a hablar delante de otros. Buscó a un amigo, que era líder espiritual en una congregación cristiana, y le pidió que cuando pudiera, le diera la oportunidad de hablar en público para acostumbrarse a la exposición y disminuir los síntomas de temor. Cuando llegó el día, mi paciente comenzó a sentirse mal y no tenía ganas de exponerse, pero sabiendo que esto era parte del proceso de aprendizaje, decidió avanzar más allá de su angustia y temor. Decidió ser valiente, pero esa valentía lo llevó por un camino intimidante que él enfrentó. La experiencia fue desagradable, no dejó de sudar todo el tiempo y tartamudeó en varias oportunidades, pero lo volvió a hacer una y otra vez hasta que poco a poco empezó a desarrollar confianza en su capacidad de expresarse y brindar buenas reflexiones. Hoy es un excelente predicador. Enfrentó sus miedos, tuvo una actitud valiente más allá de sus dificultades y terminó conquistando esa dificultad.

La valentía es una decisión, no una emoción. Es una actitud que se elige adoptar. No se trata de sentirse valiente, se trata de elegir ser valiente. No se trata de ser o no así, se trata de elegir actuar o no así. Todo depende de la decisión, el susto y la angustia que provocan las situaciones de intimidación se van con el tiempo.

2. El conocimiento es la base de la confianza

La desconfianza, como hemos dicho, se debe a que no nos creemos capaces de desenvolvernos con éxito en determinadas situaciones. Esta duda o descreimiento personal se da, por lo general, debido a que no conocemos en profundidad los detalles de lo que tendremos que enfrentar. Para poder hacerlo, debemos saber de qué se trata y cómo ha sido abordado por otras personas antes. Si alguien quiere aprender a manejar un vehículo, primero, debe aprender la teoría de cómo funciona el auto, cuáles son las partes más importantes, dónde debe ir sentado y cómo funcionan los pedales. Todo eso lo va a aprender no solo por un libro o manual, sino también porque alguien lo ha vivido y su experiencia nos sirve de camino. Luego de repasar los conceptos y de conocer la forma de realizar los movimientos musculares para gobernar los pedales, el volante y la palanca de cambio, se comenzará a practicar, pero no antes de esta primera parte.

El conocimiento siempre da poder. Poder de gobierno y poder de acción. Cuando quieras enfrentar algo, debes investigar todo lo que más puedas acerca de lo que quieras conquistar. Formas de hacerlo, cómo lo han hecho otros, riesgos más comunes, etcétera. Si se trata de relaciones interpersonales, debes conocer a las personas con las que quieres relacionarte, conocer sus posibles reacciones y saber·si estás dispuesto a afrontar las diferencias.

El conocimiento, también, es una decisión. No podemos estar bajo el yugo de la ignorancia. Muchas personas no tienen la práctica de estudiar, leer o investigar. La base de esas actitudes es que "siempre fueron así", eso es lo que manifiestan. Una experiencia que vivieron de pequeños y que, en consecuencia, debe continuar así toda la vida.

Las conversaciones con pacientes están plagadas de estas frases que muchos denominan como "ideaciones permisivas", es decir, expresiones que le dan a las personas licencia o permiso para sostenerse en actitudes de no progreso. Veamos algunos ejemplos:

- "Y sí, pero es difícil". Reconocen la necesidad o la verdad que se les plantea para que hagan un cambio, pero ponen como anticipo la expresión de que es difícil. Pareciera que esa frase les diera inmunidad y fuera un excelente pretexto para no esforzarse.
- "Siempre he sido así". Utilizan un pretexto para la demora en el cambio. Como siempre han sido así, no pueden cambiar o mejorar, porque en el pasado, ellos han vivido de esa forma y, entonces, ahora no pueden mejorar o cambiar.
- "A mí me enseñaron así". Es el pretexto de que cómo se aprendió de otra forma, actuarán de acuerdo con lo

aprendido. Reconocen que es algo obsoleto o que fueron mal enseñados, pero de todos modos, siguen comportándose de esa forma porque "a ellos les enseñaron así".

- "No tengo ganas". Es una frase muy definitoria para muchos. Basados en la falsa creencia de que las cosas hay que hacerlas con ganas o de lo contrario, no se hacen. En realidad, las cosas que tienen que hacerse, con ganas o sin ellas, han de realizarse. Aprender se aprende con o sin ganas. Por supuesto que cuando hay deseos el asunto cambia y es mejor. Sin embargo no podemos guiarnos por las emociones para ejecutar acciones. Debemos hacer lo que tenemos que hacer en función de nuestra responsabilidad.

Todas estas frases apuntan a una sola cosa: evitar el esfuerzo y la valentía. Estas formas de pensar o excusas permisivas solo mantienen a las personas exactamente en el mismo lugar de frustración y fracaso. El conocimiento quiebra estas formas, hace que la visión y el enfoque cambien. Permite reestructurar nuestra forma de pensar y sentir. Tómese tiempo para aprender.

3. Tomemos la decisión de correr riesgos

Para desarrollar una correcta autoconfianza, es necesario exponerse ante las situaciones de temor con el fin de conseguir una desensibilización, es decir, que la repetición de la situación se convierta en algo familiar y no en algo desconocido. Lo familiar disminuye el estrés y el alerta. Por lo cual, cuanto más nos expongamos a las situaciones de temor, mayor gobierno de las situaciones lograremos. Sin embargo, es fundamental que en esa exposición se alcance un control del riesgo. Es lo que definimos como "correr riesgos controlados". Es una forma de ir acrecentando la dificultad de la exposición poco a poco, con el fin de ir avanzando por medio de metas cortas.

Buscar avanzar por medio de metas cortas permite a las personas gozar de un incentivo. Si la meta es demasiado lejana y difícil, lo que se vaya logrando en el camino se diluirá debido a que no se obtuvo el cometido. Para correr riesgos, podemos actuar de forma similar, planificar la forma en la que vamos a exponernos de manera que nuestra frustración no sea tan fuerte como para generar un trauma. Debemos experimentar situaciones que susciten frustraciones que podamos soportar. Por ejemplo: Una joven depende continuamente de la opinión de su novio para todo. Aprendió a consultarle absolutamente sobre todo, pero no por amor, sino por temor a desagradarle y así perderlo. En una situación como esta, la exposición gradual al riesgo es muy útil. Se le puede sugerir a la joven que se anime a comprar alguna ropa para ella sin la opinión de su novio. Esto le producirá mucha inseguridad, pero debe correr el riesgo. Luego, puede animarse a tomar un compromiso mensual, como puede ser visitar a alguna amiga o familiar sin su novio. La situación se va a ir complicando y, seguramente, va a generar mucha frustración, pero se podrá soportar con la ayuda de su ambiente de control. En este caso, puede ser su novio mismo. En el caso de que su novio esté impregnado con esta dinámica de interrelación patológica, entonces, será difícil trabajar con ella. Será necesario un ambiente más puro y terapia para ambos.

Diseñar un plan de acción para lograr una exposición gradual es fundamental para perder el temor a los riesgos. A veces, desconfiamos de nosotros porque no tenemos la capacidad para ciertas cuestiones. En ese caso, debemos aprender. Reconocer los límites para ciertas cosas no es malo, lo malo es ser limitados y no saberlo. Si conocemos nuestros límites, podemos buscar ayuda y asumir nuestras dificultades con dignidad, pero si esas dificultades, que no distinguimos a tiempo, nos abochornan delante de los otros, pueden desencadenar traumas difíciles de elaborar.

A todos nos caen bien las personas que dicen "de esto no estoy seguro, ¿puede ayudarme?"; en cambio, cuando conocemos gente que no reconoce sus límites y quiere opinar sobre todo y quiere hacer todo sola con el objetivo de disfrutar de la admiración de los demás, solemos sentir algo de desagrado.

Si reconoces que algo te falta desarrollar, admítelo y, si no quieres quedarte con esto, puedes capacitarte para superar el problema. Reconocer nuestras dificultades puede ayudarnos a saber en qué áreas debemos entrenarnos. En qué áreas de nuestras vidas podemos seguir creciendo. Conocer nuestras dificultades nos da la posibilidad de aprender.

Para aprender, también, son necesarias ciertas condiciones; no es suficiente con desear aprender conductas, es necesario estar en los ambientes adecuados para ello. También, es necesario aprender rodeados de personas motivadoras y practicar lo que se aprende.

Veamos algunos ejemplos:

- Para aprender, es necesario un buen ambiente. Alba le tenía miedo al agua. Cada vez que llegaba el verano, ella sufría mucho porque sus amigos la invitaban a las piletas y a pasar el día en el río, y ella sabía que iba a ser todo un desafío comenzar a decir que no quería meterse en el agua "porque no le gustaba". El asunto llegó a molestarla tanto que dejó de salir en el verano y estaba muy molesta durante esa época. Se sentía sola y rechazada, aunque sabía que lo que estaba viviendo era un asunto de temor. Cuando la entrevisté, hicimos un plan de acción para que se desensibilizara del agua y que recurriera a un profesor de natación luego de ese período. Ella cumplió la primera fase, logró perder el temor a acercarse al agua y, poco a poco, comenzó a tomar confianza, ahora tenía que aprender a nadar. Así que fue a un profesor del barrio. Cuando llegó, ella no explicó bien su situación y, ni bien comenzó la clase, la pusieron junto a un grupo de personas que no conocía y que tampoco sabían de su aversión, recientemente derribada, hacia el agua. El asunto es que pasó un día de mucho trauma, nadie se percató de su pánico y sintió que se moría allí dentro. Esto retrasó el asunto otro año más, ya que no volvió a asistir a clases luego de esa horrible experiencia. En una próxima oportunidad, hablé con un profesor amigo mío y le pedí especial atención hacia Alba. Él comprendió la situación y le permitió una exposición gradual con una atención personalizada. Alba, hoy, puede asistir sin ningún tipo de dificultades a reuniones con sus amigos en piletas, ríos y playas.

- Para aprender, es necesario rodearse de personas que motiven. Aníbal recordaba en el grupo que uno de los momentos más terribles en su vida era cuando tenían Educación Física en la escuela primaria. No era muy bueno en el fútbol y, por algún motivo, en esa hora, siempre se jugaba a ese deporte. El asunto era muy angustiante para él, ya que por lo general, quedaba último en la elección de los jugadores y, como si esto no bastara para humillarlo, sus compañeros se burlaban mucho por esta razón. El resultado es evidente, Aníbal comenzó a faltar a las clases, se inhibió para la práctica de deportes y desplazó sus intereses hacia las artes y hacia actividades más intelectuales. Cuando hablamos de la importancia del ambiente en cuanto a las personas, Aníbal reconoció que nunca se había esmerado por aprender algo que le interesaba porque tenía miedo de que se burlaran nuevamente de él. No le interesaba por el fútbol en sí mismo, sino porque le gustaba estar con sus compañeros y hablar de lo que ellos hablaban. Pero nunca hizo el esfuerzo por aprender, la situación a su alrededor fue muy angustiante y traumática. Lamentablemente, el ambiente contribuyó mucho para que se inhibiera.

- Para aprender, es necesario poner en practicar lo que se aprende. No basta con aprender las cosas, es necesario desarrollar la constancia de sostener en el tiempo la práctica de lo aprendido. Sonia estaba aprendiendo a cantar. Su mayor deseo era poder participar en el coro de la iglesia donde ella iba, así que decidió asistir a un profesor particular para adquirir confianza en su voz, ya que cuando le tocaba hacer algún solo, su voz se cerraba y no podía seguir cantando. Sin embargo, a pesar de estar muy comprometida con la práctica vocal en forma semanal, siempre rechazaba las ofertas de poner en práctica lo aprendido. Su excusa era que quería hacerlo bien. Hacerlo bien es una buena motivación, pero la realidad es que Sonia solo quería postergar un poco más la angustia de la posibilidad de fracasar. Eso hacía que ella no participara de las cantatas vocales.

4. Éxito y fracaso, todo depende de qué se mida

Por más que escuchemos y que leamos sobre cuestiones que nos motiven al cambio, a veces, nuestras mentes insistirán en tirarnos abajo porque se han acostumbrado a una determinada forma. En esos casos, es muy útil ser coherentes y evaluar el crecimiento en función del camino recorrido.

Evalúe cosas en las que antes fracasaba y ahora ya no. Observe temores que ha vencido y escríbalos en un papel. Un ejemplo puede ser evaluar la cantidad de actividades que ha incrementado y que ha realizado, producto de haber vencido o de ir venciendo los temores. No vuelva a calificarse como fracasado, el fracaso y el éxito no son determinantes en la vida de las personas, por lo general, las personas pueden fracasar en ciertos aspectos y tener éxito en otros. No se enganche en los falsos modelos de éxito, donde todo se mide de acuerdo con los parámetros de terceros. Si alguien midiera la fuerza de una hormiga comparada con la de un elefante diría a simple vista que el elefante es más fuerte, sin embargo, la hormiga es capaz de levantar más de cincuenta veces su peso, y el elefante ni siquiera lo levanta dos veces. No mida su vida en función de la medida de los otros.

Muchas personas creen que son exitosas o fracasadas de acuerdo con lo que les hacen creer en el medio social donde viven. Sin embargo, medirse a uno mismo en función del resto es algo realmente peligroso. La palabra éxito en el diccionario significa "resultado feliz de un negocio o proyecto". Lo que hay que definir, entonces, es cuál es el negocio o proyecto en el que vamos a medir nuestro éxito o fracaso. Veamos un ejemplo:

Gregorio era un hombre de 52 años, dueño de tres empresas líderes muy grandes en sus rubros. No tenía necesidades económicas: era dueño de un avión privado, de miles de hectáreas en sus campos, de propiedades por todo el país y también en el extranjero. Todos le aconsejaban que dejara de preocuparse por su seguridad económica. "Les presentaremos a un hombre exitoso", decían aquellos en reuniones de la alta sociedad. No obstante, la realidad era mucho más que una serie completa de billetes. La realidad decía que Gregorio se había casado cuatro veces y que actualmente estaba en pareja con alguien que no quería. La relación con sus hijos era telefónica, y ya había consultado con más de cuatro terapeutas, que no lo habían ayudado mucho. La realidad volvió a preguntar: ¿Era este un hombre exitoso?

El modelo de éxito que como sociedad hemos enseñado, en realidad, es muy inespecífico. Debe ser descomunal correr toda una vida tras una gigantesca montaña a la que llamamos "éxito" y, luego de muchísimo esfuerzo, llegar a la cima para enterarnos de que esa no era la montaña correcta, sino que era otra muy parecida.

Creo que nos sorprenderíamos si conociéramos la cantidad de personas que corren tras la montaña económica creyendo y considerando que allí está el éxito y pasan toda una vida apostando todo para luego enterarse de que no está allí lo que buscaban. Otros corren tras la fama, quieren ser grandes en sus profesiones, científicos, artistas, políticos, otros. Algunos, tras el poder. La pregunta sigue siendo la misma: ¿Podrá cada una de estas personas decirse a sí misma "he logrado éxito en la vida"?

Decíamos que éxito significa "resultado feliz en un proyecto o negocio". Siguiendo este concepto, decir que Gregorio tenía tres empresas exitosas era verdad, ya que su proyecto seguramente había sido construir esas empresas para ganar dinero y había demostrado que lo había logrado, según su objetivo inicial. La pregunta que deberíamos hacernos ahora es ¿para que querría Gregorio ganar tanto dinero en la vida? Las respuestas pueden ser muchas, sin embargo, voy a analizar las variables más comunes que he encontrado entre mis pacientes:

- *"Para estar seguro"*. Fundamento basado en la creencia de que tener lo que el dinero puede comprar da seguridad en todas las áreas de la vida. Esta idea deja de lado que el ser humano está compuesto de emociones, espíritu, racionalidad, y de necesidades afectivas. Y todas estas cosas, el dinero no puede comprar. En estas áreas, estaría inseguro.
- *"Para demostrar algo a alguien"*. Fundamento basado en la creencia de que si alguien puede hacer mucho dinero, con seguridad, es alguien capaz e importante. Los seres humanos son importantes por sí mismos y no hay ninguna condición que ponga a un ser humano por encima de otro.
- *"Para ser feliz sin que le falte ninguna cosa"*. Volvemos al ejemplo de Gregorio, el dinero no le pudo comprar ni un matrimonio exitoso ni una relación plena con sus hijos. Por lo tanto, en las áreas más importantes de su vida, quizá, no pudo alcanzar el éxito.

Entonces, volvamos a preguntarnos ¿Gregorio era un hombre exitoso? Si el objetivo de su vida era viajar en avión, comer en hoteles caros y comprarse autos último modelo, entonces sí, su vida era exitosa, sin embargo, sabemos que el objetivo de su vida iba mucho más allá de esas cosas, él quería lo que quieren todos: afecto sincero de un grupo de seres humanos. Podía ser de su esposa, de sus amigos, de sus padres, de otros. Afecto sincero es el principio de la necesidad del amor de la que hablábamos en el capítulo dos. Ahora, él tendría que discernir si lo apreciaban por su dinero o por él mismo. Cada uno sacará las conclusiones que le parezcan más acertadas acerca de la pregunta sobre Gregorio.

Inclusive, las personas como él tienen su propia opinión al respecto, pero esas conclusiones no son determinantes para todos. Las personas no son exitosas o fracasadas de acuerdo con las medidas de los demás, sino de acuerdo con sus propias medidas.

Leamos este viejo cuento para ejemplificar lo que digo:

En una oportunidad, un empresario millonario llegó a una estancia para ver la posibilidad de comprarla. Allí, encontró a un hombre que tomaba mate junto a su esposa mientras miraba cómo sus hijos jugaban con un perro.

—Buen día, amigo, vengo por el aviso. ¿Quiere vender la tierra?

—Sí, por supuesto, pase y tome asiento —invitó el dueño de casa.

—¿Por qué la vende? —preguntó el empresario—. ¿Acaso no es fértil?

—Todo lo contrario, esta tierra es la más fértil de la zona —se apuró por explicar.

—Entonces, ¿no pudo pagar los impuestos?

—Todos los impuestos están al día —contestó mientras tomaba otro mate.

—No entiendo, si es tan buena, ¿por qué la vende? ¿No quiere hacer más dinero?

—Tengo el suficiente para vivir tranquilo.

—Pero puede tener más… —insistió el empresario.

—¿Para qué?

—¿Cómo para qué? Para comprar otros campos…

—Otros campos… ¿Para qué?

—¿Cómo para qué? Para ganar más dinero y tener vacas aparte de los cultivos.

—¿Vacas? No lo había pensado, pero… ¿Para qué?

—¿Para qué? Las vacas son más rentables, puede ganar el triple de lo que gana ahora.

—¿El triple? ¿Para qué quiero el triple de lo que gano ahora?

—¿Cómo para qué? ¿Usted está loco? ¿No le gusta tener dinero?

—Disculpe la pregunta ¿para qué quiere, usted, tanto dinero?

—Para estar tranquilo, no preocuparme por nada, sentarme a pensar y disfrutar de todo lo que tengo.

—Hombre, eso es lo que estoy haciendo ahora —le sonrió muy plácidamente.

El modelo de éxito que manejamos, en ocasiones, está basado en creencias que incorporamos a lo largo de toda una vida. Creencias que generan demandas como:

-Yo debo tener dinero para tener éxito…
-Yo debo ser importante para tener éxito…
-Yo debo tener poder para tener éxito…

Son frases automáticas que se activan en nuestras cogniciones en el momento de tomar decisiones. Basándonos en estas demandas, se movilizan creencias erróneas (distorsiones cognitivas) como:

-Como no tengo dinero, no soy exitoso.
-Como no soy igual a mi padre, no soy exitoso.
-Como no tengo el dinero que tenía, entonces, no soy exitoso.
-Como no tengo novio o novia, no soy exitoso.
-Como no hice el secundario, no soy exitoso.
-Como no tengo influencias ni poder, no soy exitoso.

De estas, salen pensamientos distorsionados como:

-Si no soy exitoso, no valgo la pena.

-Si no soy exitoso, valgo muy poco.

-Si valgo muy poco, no tengo derechos.

-Si no tengo derechos, no voy a opinar.

-Si valgo muy poco, siempre estaré solo.

¿Qué es el éxito, entonces? Lograr un resultado feliz en el proyecto que tenemos. Pues bien, ¿cuál es el proyecto más importante que tienes? ¿Acaso no es vivir con efectividad y sentido? Para poder decir que tenemos una vida exitosa, debemos vivir con éxito.

Entonces, ¿cómo alcanzar éxito en vivir? Allí es donde te debes concentrar: qué áreas de tu vida son las que consideras imprescindibles para tener éxito. Veámoslo de otro modo. ¿Podríamos decir que ganar una batalla es ganar la guerra? Tener éxito en solo un área de nuestras vidas no es tener éxito en la vida. De la misma forma, si algo te ha salido mal o si fracasaste, no significa que has fracaso en la vida. Tener éxito o fracaso en la vida es ganar o perder la guerra, pero la guerra no termina hasta que termina, y esto es lo mismo para la vida. ¿Cómo podemos decir que alguien es exitoso o fracasado en vivir si aun no terminó de vivir? ¿Cómo podemos calificarnos como ganadores o fracasados si aun no terminó la guerra? Es decir, si aun no acabó nuestra vida.

Puedo decir "aun no he conquistado ciertas metas", pero declarar "mi vida es un fracaso" solo porque no alcancé todos los objetivos que me había propuesto es sacar una conclusión sin evidencia o con evidencia contraria.

5. Dos pasos importantes para tener en cuenta

Es fundamental descartar lo negativo y sostener lo positivo. El tener que pensar en un cambio no significa que "toda nuestra personalidad" es inservible. Eso sería un absolutismo o polarización y también, una forma errónea de interpretar. Es casi seguro que existen muchas cualidades que vale la pena rescatar y potenciar. Potencie sus fortalezas. Haga de ellas sus herramientas de trabajo. Las personas tienen que potenciar sus fortalezas, tienen que tomar aquello que saben hacer bien y convertirlo en excelente. Entonces, verán la gama de posibilidades que hay delante de ellas. No hay situación que sea tan difícil como para detenerte, solo si tú decides que no quieres esforzarte ni ser valiente y decides que no serás constante, tienes el fracaso asegurado.

Nunca dejes que otros te digan qué pensar de ti.

Eres lo que Dios dice que eres, no lo que los otros dicen que eres.

Puedes hacer lo que Dios dice que puedes hacer, no lo que los otros dicen que puedes hacer.

Tienes lo que Dios dice que tienes, no lo que los otros dicen que tienes.

Confía, esa es la palabra por excelencia que tengo para dejarte.

Confía en lo que Dios puso en ti.

Eres un ser especial, de mucho valor y con gran potencia, quien quiera que seas y donde estés.

Que Dios te bendiga, gracias por este tiempo.

Que tus conquistas sean perdurables.

Que puedas descubrir quién eres y que confiando en quién eres, llegues a los lugares más altos.

Sebastián Palermo es médico cirujano, formado en psiquiatría y especializado en terapia cognitiva. Director del PROGRAMA VIVIR, un centro de reeducación emocional en la ciudad de Córdoba. Es conferencista internacional sobre temas como educación emocional y adictología. Autor del los libros *Hijos en la droga, ¿por qué nuestros hijos consumen drogas?*, declarado de interés legislativo por la provincia de Córdoba en 2009, *Vivir tranquilo - Entre la ansiedad y el estrés*, y *Aprender a sentir - Una guía práctica sobre cómo educar las emociones*.

En la ciudad de Córdoba, también es pastor de la congregación cristiana "Nueva Mente", un lugar de entrenamiento espiritual donde se enseña a conquistar el carácter de acuerdo al diseño original que Dios tiene para cada uno.

Está casado con Luciana y tiene dos hijos, Gianna y Nicolás.

Para seguir comunicado con el autor:
facebook: Sebastián Palermo
twitter: @snpalermo
Correo: nmgrupo@gmail.com

Esperamos que este libro
haya sido de su agrado.
Para información o comentarios,
contáctenos en la dirección
que aparece debajo.

Muchas gracias.

HOJAS DEL SUR

www.hojasdelsur.com